Alexander Simmeth

CITY|TRIP

DETROIT

Nicht verpassen!

Karte S. 3

6 Guardian Building [F9]

Der letzte Wolkenkratzer der goldenen Jahre in Downtown Detroit. 1929 kurz vor der Weltwirtschaftskrise eröffnet, erscheint der Bau in vielerlei Hinsicht wie das große Finale (s. S. 23).

15 Fox Theatre [F6]

Das ehemalige Stummfilmkino von 1928 ist eines der Kronjuwelen Detroits. In den prunkvollen Räumen findet heute eine breite Palette von Konzerten und Aufführungen statt (s. S. 31).

22 Charles H. Wright Museum of African American History [G2]

Das Museum für afroamerikanische Geschichte bietet Dauer- und Wechselausstellungen mit über 30.000 Exponaten in einem ungewöhnlichen und höchst sehenswerten Ambiente (s. S. 38).

23 Detroit Institute of Arts [F1]

Einer der bedeutendsten Kunsttempel der Vereinigten Staaten mit Tausenden Ausstellungsstücken aus aller Welt. Den Innenhof schmückt eine ikonische Wandmalerei des mexikanischen Künstlers Diego Rivera (s. S. 39).

24 Ford Piquette Avenue Plant [ch]

Von hier aus wurde die Welt verändert: Das Ford-Werk ist der Geburtsort des Model T und Ursprung der automobilen Fließbandproduktion. Heute lassen sich hier zahlreiche Oldtimer und das Büro Henry Fords bewundern (s. S. 40).

27 Motown Museum – Hitsville USA [bh]

Der Besuch des Museums gehört zum Pflichtprogramm – und das nicht nur für Musikfans. Zu sehen sind die Wohnung des Labelgründers, das Tonstudio und Devotionalien etlicher Stars (s. S. 44).

31 Eastern Market [I5]

Weit mehr als ein großartiger Markt: Die restaurierten Hallen sind umgeben von den Geschäften kleiner Importeure und Großhändler, von Restaurants, Antiquitätenläden, Galerien und Street-Art (s. S. 48).

38 Belle Isle [cj]

Die parkartige Flussinsel bietet eine herrliche Aussicht auf die Stadt, viel Platz zum Entspannen, Spazieren und Radeln, einen Strand, Sportplätze, Museen und interessante historische Bauwerke (s. S. 56).

40 Corktown [C7]

Corktown gilt als eines der Zentren des gegenwärtigen Aufbruchs und präsentiert sich heute als buntes In-Viertel mit einer Vielzahl hipper Läden, Restaurants, Bars und Klubs (s. S. 61).

Leichte Orientierung mit dem cleveren Nummernsystem

Die Sehenswürdigkeiten sind im Text und im Kartenmaterial mit derselben **magentafarbenen ovalen Nummer** 1 markiert. Alle anderen Lokalitäten wie Geschäfte, Restaurants usw. tragen ein **Symbol und eine fortlaufende rote Nummer** (1). Die Liste aller Orte befindet sich auf Seite 141, die Zeichenerklärung auf Seite 144.

International Memorial to the Underground Railroad
The Gateway to Freedom

7 Detroit entdecken

Die Protagonisten des Mahnmals „Gateway to Freedom" (s. S. 19) blicken über den Detroit River in Richtung Kanada (001de-as©f11photo - stock.adobe.com)

Zeichenerklärung

★★★ nicht verpassen
★★ besonders sehenswert
★ wichtig für speziell interessierte Besucher

[A1] Planquadrat im Kartenmaterial. Orte ohne diese Angabe liegen außerhalb unserer Karten. Ihre Lage kann aber wie die von allen Ortsmarken mithilfe der begleitenden Web-App angezeigt werden (s. S. 144).

Updates zum Buch

www.reise-know-how.de/citytrip/detroit19

Vorwahlen

- **Ortsvorwahl Detroit:** 313
- **aus dem Ausland in die USA:** 001
- **nach Deutschland:** 01149
- **nach Österreich:** 01143
- **in die Schweiz:** 01141

Weitere Benutzungshinweise

s. S. 143

Detroit, einst im Namen der französischen Krone für den Pelzhandel gegründet, hat sich immer wieder neu erfunden. Zu Beginn des 20. Jh. veränderte Detroit die Welt, indem es das Automobil zum Massenprodukt machte. Später ging die Stadt fast daran zugrunde: vom globalen Innovationszentrum zur perfekten Kulisse für „ruin porn". Und jetzt? Allerorten hört man vom Aufschwung in der Stadt. Detroit is back! Aber ist der Aufschwung endlich auch von Dauer? Wie auch immer die Zukunft aussehen wird, Detroit verändert sich weiter. Zugleich aber bleibt es auch, was es immer war: ein Ort der Vielfalt und der sich reibenden Gegensätze. Eine spannende und kreative, eine faszinierende Stadt!

Detroit Riverfront

Nach langer Vernachlässigung wendet sich die Stadt wieder dem Wasser zu: Das Ufer des Detroit River wird in rasender Geschwindigkeit zur reizvollen Uferpromenade mit Parks, Bühnen und Gärten ausgebaut (s. S. 51).

Mit der QLine auf der Woodward Avenue

Seit 2017, rund 60 Jahre nach der Stilllegung, verbindet die Straßenbahn wieder viele der Sehenswürdigkeiten Detroits auf praktische und günstige Weise (s. S. 132).

Unterkunft made in Detroit

Hotel, Restaurant, Bar und Shop: 2017 in der ehemaligen Hauptfeuerwache eröffnet, ist im Detroit Foundation Hotel (s. S. 128) fast alles in und um Detroit gefertigt, vom Interieur über die Kleidung der Angestellten bis zur Kunst an den Wänden.

002de-as©helgidinson - stock.adobe.com

DETROIT ENTDECKEN

Willkommen in Detroit

Ist Detroit die spannendste Stadt der Vereinigten Staaten? Was die New York Times Ende 2017 noch etwas verwundert fragte, verfestigt sich in der öffentlichen Wahrnehmung: *Detroit is back.* Nach vielen vergeblichen Versuchen eines Neustarts ist der **Aufschwung** endlich da – und, so ist man sich zunehmend sicher, nun auch von Dauer. **Viel Platz** und **niedrige Preise** locken eine bunte Kreativ- und Gründerszene an. Restaurants, Bars und Klubs, Boutiquen und Galerien besiedeln die Stadt. Viel Geld fließt in öffentliche Plätze und Parks sowie den Wiederaufbau des Nahverkehrs. Private Investoren haben das historische Tafelsilber der Stadt wiederentdeckt, andere stampfen neue Großprojekte aus Ruinen und Brachen. Und das Wichtigste: Der Jahrzehnte andauernde Bevölkerungsschwund scheint endlich gestoppt.

Dabei ist Detroit, von den Einheimischen meist liebevoll **Motown** (verkürzt für *Motor Town*, in Anspielung auf die Automobilgeschichte) oder schlicht **The D** genannt, keine typische Touristendestination. Pauschalreisende und Touristengruppen trifft man hier (noch) selten. Reisende kommen in erster Linie als Tages- und Wochenendbesucher aus Michigan, Ohio oder Ontario, überwiegend für die Kasinos, Sportstätten und anderen Attraktionen Downtowns. Individualtouristen finden in Motown eine kleine, aber wachsende Anzahl von alternativen touristischen Angeboten, die in diesem Band ausführlich vorgestellt werden.

Zugleich ist Detroit ein **Ziel für Entdecker:** für Menschen, die sich auch abseits ausgetretener Pfade wohlfühlen, die sich gern überraschen lassen, die sich nicht nur für hübsch Herausgeputztes und (scheinbar) Authentisches interessieren, sondern die moderne Welt als einen Ort des ständigen Wandels und der Vielfalt begreifen. Kurz: für Menschen mit Abenteuerlust! Wenn sich diese Abenteuerlust mit einem Interesse für Musik und Popkultur, Architektur und Stadtplanung, Historie und Automobilgeschichte, kulinarische Entdeckungen, ein reiches Nachtleben und die Fotografie ungewöhnlicher Stadtlandschaften verbindet, dann wird ein Besuch Detroits zu einem beeindruckenden und unvergesslichen Erlebnis.

In der ersten Hälfte des 20. Jh. war Detroit eine der **größten Städte** des Kontinents – davon ist sie heute weit entfernt. Nach einem jahrzehntelangen **Schrumpfungsprozess** sind weite Teile Motowns heute regelrecht entleert, städtische Graslandschaften (*„urban prairies“*) prägen mancherorts das Bild. Für den Besucher hat das die unmittelbare Folge, dass zwischen den einzelnen Orten **größere Wegstrecken** zurückzulegen sind und dass man **außerhalb des Zentrums** aufgrund des suboptimalen Nahverkehrs entweder mit dem **Fahrrad** (s. S. 122) oder mit dem **Auto** (s. S. 110) unterwegs sein wird, beim Besuch einzelner Punkte auch mit **Ridesharing-Diensten** (z. B. Uber) oder dem **Taxi** (beide s. S. 132). Darauf sollte man sich einstellen. Häufig ist das Fahrrad das beste Fortbe-

◁ *Vorseite: Stadt am Wasser – Motown ist vom Detroit River geprägt*

▷ *Kreuzung in Downtown, im Hintergrund der Comerica Park* 16

003de-axs

wegungsmittel, nicht zuletzt entlang des Detroit River, auf den Rail Trails (s. S. 123) oder auf der parkartigen Flussinsel Belle Isle 38.

Downtown Detroit (s. S. 16) lässt sich, ebenso wie Midtown (s. S. 34) und New Center (s. S. 40), gut **zu Fuß** erobern – zumindest wenn man sich für längere Wege zwischendurch der entlang der Woodward Avenue verkehrenden Straßenbahn **QLine** (s. S. 132) bedient, die diese drei Stadtteile miteinander verbindet.

Beiderseits der **Woodward Avenue**, der zentralen Achse der Stadt, zwischen Downtown im Süden und New Center im Norden, befinden sich einige der spektakulärsten architektonischen Perlen Detroits, sehenswerte Museen, Monumente und Parks, zentrale Einkaufsmöglichkeiten, alle wichtigen Sportstadien und eine unüberschaubare Menge an Galerien, Bars und Restaurants.

Reisenden, die tiefer eintauchen möchten, spezielle Interessen hegen oder viel Zeit zur Verfügung haben, sei unbedingt ans Herz gelegt, sich auch **abseits der zentralen Achse** zu bewegen: etwa in das Indian Village 36 im Osten der Stadt, nach Corktown 40 oder Mexicantown 42, auf den Eastern Market 31, vielleicht auch in einen der Vororte – die oft weit spannender sind, als es die Bezeichnung „Vorort“ vermuten ließe. Oder mitten hinein ins **Nachtleben**, um die legendäre Musikkultur Detroits zu erleben.

Kurztrip nach Detroit

Kaum jemand wird wohl aus Europa für ein Wochenende nach Detroit fliegen. Für die meisten Benutzer ist die Stadt Teil eines längeren US-Aufenthalts. Für Reisende, die einen vollen Tag zur Verfügung haben, wird auf den Folgeseiten ein **Stadtspaziergang** (s. S. 13) vorgeschlagen. Empfehlenswert ist allerdings, zumindest **zwei, idealerweise drei Tage** für einen Besuch Motowns einzuplanen. In diesem Fall wäre zum Beispiel folgender Ablauf zu empfehlen:

Erster Tag

Für den ersten Tag bietet es sich an, zunächst eine Runde mit der **Hochbahn**, dem sogenannten **People Mover** (s. S. 131), zu drehen, um sich einen ersten Überblick über Downtown Detroit zu verschaffen. Die Fahrt dauert nicht länger als 20 Minuten. Daran anschließend empfiehlt sich der auf Seite 13 beschriebene **Stadtspaziergang**, der durch sehenswerte Teile der Innenstadt und einige unmittelbar östlich angrenzende Gebiete führt.

Wer danach noch unternehmungslustig ist, kann sich am Nachmittag für die noch etwas weiter östlich liegenden Orte ein **Fahrrad** (s. S. 122) ausleihen: Eastern Market 31, Belle Isle 38, Indian Village 36 oder Elmwood Cemetery 34 sind so am schönsten zu erkunden. Über den Dequindre Cut Greenway [I6–I8] und den Riverwalk [C–I9] (s. Riverfront 33) sind diese Orte in großen Teilen autofrei und einfach zu erradeln.

Vielleicht ergattert man abends noch ein Ticket für eine Veranstaltung auf einer der großen **Bühnen Downtowns**: ein Konzert im Fox Theatre 15 oder im The Fillmore (s. S. 87) oder eine Vorstellung in der Oper 14.

Zweiter Tag

Falls es nicht sowieso schon auf der To-do-Liste steht, sollte man am zweiten Tag einen ausgiebigen Besuch in einem der **Museen** in Midtown und New Center einplanen und diese Viertel erkunden. **Musikfans** kommen um das Motown Museum 27 oder Submerge Records 28 nicht herum. **Kunstliebhaber** werden das Museum of Contemporary Art 21 oder das Detroit Institute of Arts 23 nicht auslassen wollen. **Automobilbegeisterte** würden etwas verpassen, besuchten sie nicht in das Fordwerk an der Piquette Avenue (Ford Piquette Avenue Plant 24). Wer sich für afroamerikanische Kultur und die Sozialgeschichte der USA interessiert, sollte unbedingt das Charles H. Wright Museum of African American History 22 aufsuchen, das weltweit größte seiner Art. Alle genannten Museen befinden sich relativ nahe beieinander und sind mit der neuen Straßenbahn **QLine** (s. S. 132) und einem kurzen Fußweg von Downtown aus einfach und bequem erreichbar. Wenn man schon in der Gegend ist, bietet sich danach ein Blick in das grandiose Fisher Building 25 und das nebenan stehende Cadillac Place 26 an.

004de-axs

Wem der Sinn nach einem **Einkaufsbummel** steht, wird sowohl in Midtown als auch in Downtown fündig. Hier ist Detroit einzigartig: Selbst direkt im Zentrum, in dem bis vor wenigen Jahren noch sprichwörtlich alle Fenster vernagelt waren, lassen sich hochwertige und besondere Angebote auch jenseits der großen, globalen Ketten finden.

Vielleicht hat man ja auf dem Stadtspaziergang am ersten Tag in der **Merchant's Row** 9 das eine oder andere interessante Geschäft entdeckt und will es sich heute etwas genauer ansehen. In **Midtown** gibt es beispielsweise auf der **West Canfield Street** [E–F3] zwischen Cass und 2nd Avenue eine Konzentration diverser Geschäfte und Galerien, in denen man Produkte mit Detroit-Bezug erstehen kann, z. B. City Bird (s. S. 91) oder Shinola (s. S. 92). Etwas weiter nördlich findet man den Carhartt Flagship Store (s. S. 40), bekannt in der Skaterszene.

Später am Tag könnte man sich gen Westen orientieren und über die Michigan Avenue durch das hippe **Corktown** 40 schlendern, vielleicht über die Bagley Pedestrian Bridge bis nach **Mexicantown** 42. In beiden Vierteln locken zahllose **Restaurants und Bars,** um den Abend stimmungsvoll ausklingen zu lassen: in Corktown etwa Slows BarBQ (s. S. 80) oder Motorcity Wine (s. S. 86), in Mexicantown in unmittelbarer Nähe zur Brücke das Los Galanes (s. S. 80) oder Xochimilco (s. S. 81).

005de-axs

Maritimes Flair: der alte Leuchtturm am Milliken State Park [I9]

Buntes Markttreiben im Eastern Market 31

Dritter Tag

Am dritten Tag könnte man sich **Zielen außerhalb des Zentrums** widmen – dafür ist allerdings ein Mietwagen (s. S. 111) oder zumindest ein Ridesharing-Dienst (s. S. 132) unerlässlich. In Detroit selbst können Interessierte zum Abschluss eine **Auto- oder Fahrradtour** über die gesamte Länge des **Grand Boulevard** (s. Extratipp auf S. 58) unternehmen.

Nicht nur für Familien verspricht ein Besuch bei **Ford in Dearborn** 47 erlebnisreiche Stunden: Das Ford-Museum und das Freilichtgelände von Greenfield Village bieten spannende Entdeckungen. Auch der **Detroit Zoo** 46 in Royal Oak ist besonders für Kinder sehenswert.

Wer die Region Detroit von einer eher unbekannten Seite kennenlernen möchte, kann sich beispielsweise für einen Stadtbummel in **Hamtramck** 45 entscheiden: eine bunte, heute besonders west- und südasiatisch geprägte Gemeinde mit langer europäischer Einwanderergeschichte. Eine Fahrt entlang des beschaulichen **Lake St. Clair** auf dem Lakeshore Drive durch die **Grosse Pointes** 44 mit ihren Villen und parkartigen Gärten, Marinas und kleinen Stränden, vielleicht verbunden mit einem Besuch im **Edsel and Eleanor Ford House** (s. S. 67), ist vor allem an schönen Sommertagen oder im Herbst ein Erlebnis.

Das gibt es nur in Detroit

- ***Stadt ohne Häuser:*** *Viel ist die Rede vom Aufbruch in Detroit. Das trifft in vielerlei Hinsicht auch zu. Dennoch: Nach jahrzehntelangem Verfall fährt man im Stadtgebiet nach wie vor auf Straßen mit Gehwegen, Beleuchtung und Straßenschildern – aber ohne Häuser. Selbst bei anhaltendem Aufschwung wird dies wohl noch eine Weile so bleiben. Teilweise ist dieses Phänomen in direkter Innenstadtnähe zu beobachten, etwa in Brush Park* 18*, besonders aber auf dem Weg in das Indian Village* 36 *im Osten.*
- ***Erhalt durch Wertlosigkeit:*** *Viele der architektonischen Perlen Detroits, die die Jahrzehnte des Niedergangs überlebten, sind heute nur deswegen zu bewundern, weil die Kosten für den beabsichtigten Abriss lange Zeit höher waren als der Wert des Grundstücks. Daher ließ man sie lieber stehen und mauerte Türen und Fenster zu. Ein Beispiel ist das Detroit Opera House* 14*.*
- ***Coney Dogs:*** *Ein Stück lokale Fast-Food-Kultur ist der Coney Island Hot Dog, ein spezieller Hot Dog mit noch speziellerer Soße. Das Würstchen im länglichen Weißbrot kommt mit gewürztem Rindfleisch-Chili, gehackten Zwiebeln und Senf daher. In Downtown lässt sich die Leckerei etwa bei Lafayette Coney Island (s. S. 26) probieren, 50er-Jahre-Ambiente inklusive.*
- ***Stadteigenes Streusalz:*** *Seit 1910 wird aus mehrere Hundert Meter*

006de-axs

Mitchell, Ecke Palmer, mitten in der „urban prairie" (städische Graslandschaft)

Stadtspaziergang

Der hier beschriebene Stadtspaziergang dauert rund **vier Stunden**, inklusive kurzer Aufenthalte an den erwähnten Orten. Er dient der ersten Orientierung in und um Downtown Detroit und gibt zugleich einen Überblick über die fußläufig zu erreichenden Ziele.

tiefen Stollen Salz gefördert, seit Ende der 1990er-Jahre ausschließlich Streusalz für Detroits im Winter meist tief verschneite und vereiste Straßen.

- ***Kanada im Süden:** Als einzige US-Großstadt liegt Detroit nördlich von Kanada. Südlich der Stadt erstreckt sich das dicht besiedelte Ontario, in dem etwa ein Drittel aller Kanadier lebt (s. Grenzstadt Detroit S. 20).*
- ***Erster Polizeifunk der Welt:** Die Polizei in Detroit führte bereits 1921 eine permanente Funkverbindung zwischen Hauptgebäude und Fahrzeugen (Fords Model T) ein, ab 1928 verfügte sie über eine Funkzentrale auf Belle Isle 38. Der Bau steht noch heute (s. S. 59).*
- ***Le Nain Rouge:** Der kleine, „rote Zwerg" mit den riesenhaften Ohren verfolgt Detroit seit den frühesten Tagen mit Unglück. Nachdem der Stadtgründer Antoine de la Mothe Cadillac die Kreatur allen Warnungen zum Trotz rüpelhaft aus dem Weg gestoßen haben soll, anstatt mit ihr zu verhandeln, war nicht nur er vom Pech verfolgt, sondern ist auch die Stadt in ständiger Gefahr. Ein jährlicher Umzug im Frühjahr soll den Zwerg vertreiben (Marche du Nain Rouge, s. S. 95).*

Ein Spaziergang zum ersten Kennenlernen Detroits sollte auf jeden Fall **am Wasser** beginnen, und zwar am **Hart Plaza** 3, einem großen Platz direkt am Detroit River. Wer zuerst eine Runde mit der Hochbahn **People Mover** (s. S. 131) durch die Innenstadt drehen will, steigt dazu an der **Station Cobo Center** aus.

Nachdem man sich auf dem Hart Plaza ein wenig umgesehen hat, geht es links auf den **Riverwalk** und ein Stück an der **Riverfront** 33 entlang, mit Kanada auf der anderen Flussseite im Blick. Ein paar Schritte sind es bis zum höchsten und größten Gebäude der Stadt, dem **Renaissance Center** 1, kurz RenCen. Vom Wasser her nähert man sich dem zentralen Bereich durch den Wintergarten und verlässt den Bau auf der anderen Seite durch den Haupteingang in Richtung East Jefferson Avenue.

Anschließend überquert man die E Jefferson Ave. an der **Ampel** und biegt auf der anderen Straßenseite links ab. Über die Ampel an der Randolph Street [G9], in deren Mitte ein kleines **Denkmal** an Christoph Kolumbus erinnert, geht es geradeaus weiter am **Rathaus** vorbei, dem Coleman A. Young Municipal Center.

An dessen anderem Ende, bei der Einbiegung der Woodward Avenue, findet sich das Monument **The Spirit of Detroit** 4. Steht man mit dem Rücken zur Statue, blickt man auf das weiße Hochhaus **One Woodward Avenue** 5 und rechts davon das massive, mit Backstein gemauerte **Guardian Building** 6 auf der anderen Seite der Straße. Keinesfalls verpassen sollte man einen Blick in das Guardian Building, dessen Haupteingang sich an der Griswold Street befindet: Dazu geht man zwischen Guardian und One Woodward hindurch und auf

016de-as©anderm - stock.adobe.com

der Griswold St. nach rechts. In dem kathedralenartigen Bauwerk befindet sich ein **Café**, in dem man in einzigartiger Umgebung in die 1920er-Jahre eintauchen und eine erste **kleine Pause** einlegen kann.

Danach geht es weiter auf der Griswold St. Nach einem kurzen Abstecher in das **Penobscot Building** 7 gelangt man über die Ford St. auf den **Campus Martius** 8 und von dort in die **Merchant's Row** 9 – so heißt dieser Teilbereich der Woodward Ave. mit kleineren Geschäftshäusern, in denen sich hippe Boutiquen und Cafés angesiedelt haben.

Bei der Einmündung auf den **Grand Circus Park** 12 am Ende der Merchant's Row erhebt sich links das imposante **David Whitney Building** 13, in das man auf jeden Fall einen kurzen Blick werfen sollte. Vom Grand Circus geht es auf der **Broadway Street** in Richtung Südosten weiter.

An der nächsten Kreuzung führt die Route rechts in die John R Street und von dort links in die Farmer Street, wobei man unterwegs immer wieder die oberirdische **Trasse des People Mover** unterquert, der hier in Bögen die Innenstadt durchquert. Von der Farmer Street gelangt man, nachdem man abermals in die Grand River Street abbiegt, rechter Hand in die äußerst sehenswerte **Open-Air-Galerie** von **The Belt** 10. Wer hier etwas länger verweilen und die erstklassige Street-Art auf sich wirken lassen möchte, dem sei die Bar **The Skip** (s. S. 86) ans Herz gelegt.

Nach The Belt führt der Weg durch das Amüsierviertel **Greektown** 17, indem man links in die Gratiot Avenue und gleich wieder rechts in die Randolph Street abbiegt. An der nächsten Kreuzung erreicht man die **Monroe**

Routenverlauf im Stadtplan

Der hier beschriebene Spaziergang ist mit einer farbigen Linie im Stadtplan eingezeichnet.

Michigan Central Station 41*: einst Sinnbild des Verfalls, heute Symbol des Aufbruchs*

Avenue. Zwar steppt hier erst nachts und vor allem am Wochenende der Bär, ein Bummel entlang der alten Backsteinhäuser lohnt sich aber auch tagsüber. Wer Hunger hat, kann hier einkehren: Beliebte Restaurantketten wie Buffalo Wild Wings oder Five Guys und viele **griechische Lokale** säumen den Weg, beispielsweise das **New Parthenon** (s. S. 81).

Etwas weiter die Monroe Street hinunter nimmt man zwischen der katholischen **Old St. Mary's Church** (s. S. 33) und der griechisch-orthodoxen Kirche gegenüber die Abkürzung auf die East Lafayette Street, auf der man die Autobahn I-375 überquert, um dann linker Hand in die Welt der 1950er-Jahre-Moderne in **Lafayette Park** 32 einzutauchen: Hier kann man die Townhouses und Hochhäuser **Mies van der Rohes** bewundern. Dazu geht man links in die Rivard St., spaziert u. a. entlang von Nicolet und Joliet Pl. durch den Park und zwischen den beiden Lafayette Towers hindurch, bis man wieder die E Lafayette St. erreicht.

Im Anschluss betritt man den **Dequindre Cut Greenway** [I6–I8], einen begrünten Fuß- und Radweg. Dort geht es, vorbei an Unterführungen mit **Street-Art**, gen Süden und zurück zum Detroit River. So erreicht man schließlich das **Outdoor Adventure Center** (s. S. 73), wo der Spaziergang endet.

Zum Abschluss hat man zwei Optionen: Entweder man geht nach rechts auf den Riverwalk und, vorbei am schönen **William G. Milliken State Park** [I9] mit Leuchtturm und Jachthafen, **zurück nach Downtown** bis zum Hart Plaza, wo der Spaziergang begonnen hat.

Oder aber man wendet sich nach links und erkundet weiter den **Rivertown-Warehouse District** [J9]. Dazu folgt man der Atwater Street, mit einem Schlenker zum Wasser beim **Aretha Franklin Park**, und erreicht die Kreuzung der Joseph Campau Street. Hier lockt die Detroiter Eckkneipe **Andrews on the Corner** (s. S. 84) und, ein Stück links die Straße hinauf, die **Atwater Brewery** (s. S. 82) mit herrlichem Dachgarten.

Zurück zum Hotel bzw. in die Innenstadt empfiehlt sich die Fahrt mit einem **Ridesharing-Dienst** (s. S. 132) oder mit dem **Bus** von der East Jefferson Avenue.

Street-Art in der Open-Air-Galerie The Belt 10

Downtown

Das Zentrum Detroits beherbergt eine Vielzahl architektonischer Perlen aus der Glanzzeit Detroits in den 1920er-Jahren, die kürzlich wiederbelebte Shoppingmeile auf der Woodward Avenue (Merchant's Row 9), Theater und Bühnen, Sporttempel, die Uferpromenade mit dem riesigen Renaissance Center 1 und dem Cobo Center 2, glitzernde Kasinos und einer Reihe öffentlicher Plätze sowie Parks. Trotz rasant steigender Immobilienpreise und massiver Investitionen sieht man weiten Teilen der Innenstadt aber noch immer ihre jahrzehntelange Rolle als Parkplatz für die Angestellten der dort ansässigen Regierungsgebäude an: von unansehnlichen Brachflächen bis zu kolossalen, hässlichen Parkhäusern. Zumindest die Brachen verschwinden jedoch langsam und zugemauerte Fenster – noch vor wenigen Jahren allgegenwärtig – gehören mittlerweile der Vergangenheit an.

1 Renaissance Center (RenCen) ★★ [G9]

Das imposante Renaissance Center ist eine Gruppe von sieben miteinander verbundenen Wolkenkratzern, die zwischen 1973 und 1981 errichtet wurden.

Aufgrund seiner massiven Erscheinung und zentralen Lage dominiert das RenCen die Innenstadt Detroits. Der zentrale Turm ist das **höchste Gebäude Michigans** – noch, denn unweit des Baus wächst Konkurrenz heran, die das RenCen überragen und bis Mitte der 2020er-Jahre eröffnet werden soll.

Mit einer Gesamtfläche von über 500.000 m² ist das RenCen ein Gebäudekomplex der Superlative. Entworfen im neofuturistischen Stil vom US-amerikanischen Architekten John C. Portman Jr. und finanziert von der Ford Motor Company, sollte es – nomen est omen – das in der Planungsphase ab etwa 1970 bereits stark **kriselnde Detroit** wiederbeleben. Trotz

010de-axs

unzweifelhaft positiver Auswirkungen stellte sich dieses Vorhaben als zu ambitioniert heraus; der wirtschaftliche Niedergang Detroits war auch mit dieser gigantischen Investition nicht aufzuhalten. Steigende Konkurrenz aus dem Umland machte dem RenCen zusätzlich zu schaffen, bis General Motors den Komplex schließlich 1996 erwarb, ihn modernisierte und seine Konzernzentrale vom Cadillac Place 26 im nördlich gelegenen New Center hierher verlegte.

Heute beherbergt das RenCen neben der **Konzernzentrale von General Motors** und weiteren Büros ein Hotel (Detroit Marriott, s. S. 128) im zentralen, gut 220 m hohen Turm. Das Atrium, ein Markenzeichen Portmans, ist acht Stockwerke hoch. Gleich beim Betreten wird klar, warum das RenCen gern **„Stadt in der Stadt"** genannt wird: **Einzelhandel** und zahlreiche **Restaurants**, die 2018 eröffnete und gut 4000 m² große **GM World** mit allen aktuellen Automodellen zum Anfassen und rund 5 km Flaniermeilen über mehrere Stockwerke bis in den großzügigen Wintergarten auf der Flussseite lassen fast vergessen, dass es noch ein Draußen gibt.

Die Isolierung des Komplexes, die visuelle und funktionale Abschottung gegenüber dem „Rest" Detroits sowie die heute ungeliebten Betonelemente des Brutalismus waren (und sind) die Hauptkritikpunkte gegenüber dem RenCen. Dabei ist man sichtlich bemüht, das Gebäude zur Stadt und zum Detroit River hin zu öffnen. So wurden etwa meterhohe Betonwände geschleift, die früher den Haupteingang zur East Jefferson Avenue abschotteten. Außerdem wurde die Flussseite des Gebäudes (vorher Parkplatz) zur Uferpromenade hin geöffnet – heute befinden sich hier ein einladendes Portal und begehbare **Wasserspiele.**

011de-axs

Der zentrale Bereich in den unteren Stockwerken ist **öffentlich zugänglich.** Leider ist das Restaurant in den obersten beiden Stockwerken des Turms derzeit geschlossen, einen anderen öffentlich zugänglichen Aussichtspunkt gibt es nicht – der grandiose Blick auf die Stadt und die weite Umgebung bleibt Besuchenden daher bis auf Weiteres verwehrt.

› 400 Renaissance Center Dr., http://gmrencen.com, tägl. 6–22 Uhr

Imposant erhebt sich das RenCen hinter dem alten Warehouse District

Das Turm-Ensemble des RenCen mit dem zentralen, runden Hotel

2 Cobo Center ★ [E9]

Das Cobo Center, benannt nach einem ehemaligen Bürgermeister Detroits und 1960 eröffnet, ist eines der größten und beliebtesten **Kongresszentren** der USA. Seit 1965 wird hier die prestigeträchtige **North American International Auto Show** (s. S. 95) veranstaltet.

Das Cobo Center wurde 1989 auf eine Gesamtfläche von 220.000 m² und eine Ausstellungsfläche von 67.000 m² erweitert. Umbauten im Jahr 2015 öffneten den Komplex, ähnlich wie das benachbarte RenCen 1, zum Wasser und zur Riverfront 33 hin, hier in Form mehrerer großer **Glasfronten.** Das Cobo hat eine **eigene Autobahnausfahrt,** die zu den Tausenden Stellplätzen in den umliegenden Parkhäusern führt; der John C. Lodge Freeway (M-10) unterquert den Komplex und taucht vor dem Haupteingang auf, um in die West Jefferson Avenue zu münden.

Die **alte Cobo Arena,** eine Halle mit 12.000 Plätzen, die in noch recht neuem Zustand von Größen wie Jimi Hendrix, The Doors oder den Rolling Stones bespielt wurde, gibt es nicht mehr. Leer steht seit 2018 ferner das alte Eishockeystadion der Detroit Red Wings, die **Joe Louis Arena,** nachdem das Team in den neuen Sportpalast Little Caesars Arena 19 in Midtown umgezogen ist. Die 3 m hohe **Bronzestatue des berühmten Boxers Joe Louis** (1914–1981) im öffentlich zugänglichen Foyer ist allerdings nach wie vor zu bewundern, ebenso wie einer der originalen Boxhandschuhe, die Lewis bei seinem Sieg über Max Schmeling 1938 trug.

Das Cobo Center hat eine enorme **zeitgeschichtliche Bedeutung:** Nicht nur Martin Luther King Jr. hielt hier 1963 eine entscheidende Rede (den Vorläufer von *„I have a dream"* in Washington D.C.), sondern auch jeder amtierende US-Präsident von Eisenhower bis Obama.

Berühmtheit erlangte das Cobo Center außerdem durch die Attacke auf die US-amerikanische Eiskunstläuferin **Nancy Kerrigan** im Januar 1994. Das mittlerweile verfilmte Drama (2017) entspann sich um sie und ihre Konkurrentin **Tonya Harding.** Kerrigan wurde in den Gängen des Cobo Centers mit einer Eisenstange am Knie verletzt – wie sich später herausstellte, handelte der Attentäter im Auftrag von Hardings damaligem Ehemann. Harding, seither die „Eishexe" genannt, wurde später lebenslang als Eisläuferin gesperrt. Kerrigan erholte sich schnell von der Verletzung und verpasste bei den Olympischen Spielen in Lillehammer im selben Jahr nur knapp die Goldmedaille.

› 1 Washington Blvd., www.cobocenter.com, tägl. mindestens bis 20 Uhr geöffnet, bei Veranstaltungen auch länger

3 Hart Plaza ★★ [F9]

Zwischen RenCen 1 und Cobo Center 2 befindet sich mit dem 1975 eröffneten Philip A. Hart Plaza einer der **zentralen Plätze Detroits.** Vom futuristisch anmutenden Areal aus bietet sich eine **schöne Aussicht** auf die Skyline Detroits und auf das auf der anderen Flussseite gelegene kanadische Windsor (s. Exkurs „Detroit als Grenzstadt" S. 20) – man ist gleichzeitig mitten in der Stadt und

› Zu Ehren der Arbeiterbewegung: der große Bogen des Michigan Labor Legacy Monument auf dem Hart Plaza

direkt am Wasser. Seit 2011 befindet sich hier ein **Kreuzfahrtterminal**, zu dessen Eröffnung die MS Hamburg (damals Hapag-Lloyd) hier Station machte.

Der Hart Plaza dient als **wichtigster Open-Air-Veranstaltungsort** in Detroit. Unter den größten jährlichen Events mit bis zu 40.000 Besuchern sind das Movement Detroit Electronic Music Festival im Mai (s. S. 95), die Motor City Pride im Juni und das Detroit Jazz Festival im September (beide s. S. 96). Abgesehen davon wirkt der Platz, vor allem im Winter, allzu offen und zugig. Momentan machen sich die Stadtverordneten Gedanken, welche Umgestaltungsmöglichkeiten in Frage kommen. Auch ein radikaler Neuanfang wird diskutiert.

Vor Ort befinden sich mehrere **Denkmäler**, die an entscheidende Momente in der Geschichte Detroits erinnern. Eines davon ehrt in Form einer Bronzestatue **Antoine de la Mothe Cadillac** (1658–1730), den Gründer Detroits, der 1701 angeblich an dieser Stelle anlandete und das Gebiet für die französische Krone in Besitz nahm.

Einen ernsten Hintergrund hat das Mahnmal **Gateway to Freedom**, das an die zentrale Rolle Detroits als Endpunkt der *Underground Railroad* für flüchtige Sklaven aus den Südstaaten erinnert: Viele Flüchtende setzten von hier aus in das sichere kanadische Windsor über. Beide Denkmale wurden 2001 der Öffentlichkeit präsentiert und finden sich auf der Wasserseite des Platzes.

Auf der anderen Platzseite, direkt an der West Jefferson Avenue, erhebt sich der monumentale, über 20 m hohe Bogen des **Michigan Labor Legacy Monument**, ein Denkmal zu Ehren der stolzen Arbeiterbewegung des US-Bundesstaats aus dem Jahr 2003.

Aus der Geburtsphase des Hart Plaza am Ende der 1970er-Jahre hingegen stammen die futuristisch anmutenden **Skulpturen** des US-amerikanischen Künstlers **Isamu Noguchi**:

Detroit als Grenzstadt

Die Grenze zwischen Kanada und den USA ist mit 8891 km die weltweit längste Landgrenze zwischen zwei Staaten. Michigan besitzt nach Alaska mit 1160 km den zweitlängsten Abschnitt, was unter anderem daran liegt, dass die Staatsgrenze im Bereich der Großen Seen einen großen Bogen nach Süden beschreibt. Detroit liegt im äußersten Südosten Michigans und grenzt direkt an das kanadische Windsor: Beide Städte sind lediglich durch den hier etwa 600 m breiten Detroit River getrennt.

Es gibt zwei Möglichkeiten, die Grenze zwischen Detroit und Windsor mit dem Auto zu passieren: den ***Detroit-Windsor Tunnel*** *[G9] und die* ***Ambassador Bridge*** *[bj]. Beide sind die verkehrsreichsten Grenzübergänge der gesamten US-kanadischen Grenze.*

Der gut 1,5 km lange Tunnel, eröffnet 1930, besitzt nur eine Fahrbahn pro Richtung und ist für den Schwerlastverkehr gesperrt. Dennoch passieren rund 13.000 Fahrzeuge pro Tag die Grenze auf diesem Weg. Die Einfahrt in den Tunnel erfolgt auf US-Seite in Downtown unmittelbar am Renaissance Center 1*.*

Noch verkehrsreicher als der Tunnel ist die 1929 eröffnete Ambassador Bridge. Rund 10.000 Schwerlaster überqueren die alte Brücke an einem normalen Wochentag, hinzu kommen etwa 5000 Autos. Rund 25 % des gesamten Handelsvolumens zwischen beiden Staaten werden hier abgewickelt. Höchst umstritten ist die Tatsache, dass die US-Hälfte der Brücke dem Detroiter Milliardär Manuel Moroun gehört, der dringend notwendige Ausbaumaßnahmen mit ständigen Gerichtsverfahren blockiert. Zudem führt die Anfahrt zur Brücke auf kanadischem Gebiet durch Wohngebiete und chronisch verstopfte Stadtstraßen.

Auch als Reaktion darauf wurde von beiden Regierungen der Bau einer vollkommen neuen Flussquerung weiter flussabwärts vereinbart, die Gordie Howe International Bridge, benannt nach einem kanadischen Eishockeyspieler, der einst bei den Detroit Red Wings spielte. Sie wird die Autobahnen auf beiden Seiten (die I-75 bzw. I-96 in den USA und die 401 in Kanada) direkt miteinander verbinden und beide Innenstädte, vor allem die von Windsor, enorm entlasten. Die Baumaßnahmen für den Zulauf auf kanadischer Seite sind bereits weitgehend abgeschlossen. Auf der US-Seite haben sie ebenfalls begonnen, der eigentliche Brückenbau startete im Herbst 2018. Der Bau wird von Kanada finanziert, die Ausführung ist in kanadischer Hand. Offenbar will man sich künftig nicht mehr der Gefahr aussetzen, bei solch wichtigen Infrastrukturprojekten von störrischen US-Milliardären abhängig zu sein.

Nicht vergessen werden sollte die älteste Tunnelquerung, der 1910 eröffnete und 2,6 km lange ***Michigan Central Railway Tunnel*** *[C9]. Er verschwindet auf US-Seite nahe der alten Michigan Central Station* 41 *in Corktown* 40 *im Untergrund. Der zweigleisige Tunnel wird nach wie vor für den Güterverkehr zwischen beiden Ländern genutzt, Passagierzüge verkehren hier jedoch längst nicht mehr. Ausbaupläne wurden nach Bekanntgabe des Baus der neuen Straßenbrücke auf unbestimmte Zeit zurückgestellt.*

013de-axs

zum einen die illuminierte, zu Ehren des Autobauers errichtete **Horace E. Dodge and Son Memorial Fountain** aus Stahl und schwarzem Marmor im Zentrum des Platzes, zum anderen der knapp 40 m hohe **Pylon** (Pfeiler) in der Nähe des Eingangs aus Richtung Woodward Avenue, der von der Doppelhelix der DNA inspiriert ist.

Gegenüber dem Pfeiler, inmitten der W Jefferson Avenue, steht das 1986 vom mexikanisch-amerikanischen Bildhauer Robert Graham geschaffene **Monument to Joe Louis,** die mittlerweile zur Ikone gewordene Boxerfaust des berühmten Sohnes der Stadt, die auch **„The Fist"** genannt wird.

Ebenfalls auf dem Grünstreifen in der Mitte der West Jefferson Avenue, direkt gegenüber dem Michigan Labor Legacy Monument und neben *The Fist,* steht schließlich die bereits 1980 errichtete **Statue von Gomidas Vartabed.** Sie zeigt den armenischen Komponisten und dient als Mahnmal für den Völkermord an den Armeniern im Jahr 1915 und wurde gestiftet von der gut 10.000 Menschen zählenden armenischen Community in Metro Detroit.

4 The Spirit of Detroit ★★ [F9]

Die fast 5 m hohe Bronzestatue des Bildhauers Marshall Fredericks (1908–1998) wurde 1958 eingeweiht. Als Wahrzeichen Detroits hat sie mittlerweile ikonische Bedeutung erlangt.

Die Statue steht am südwestlichen Eingang zur Woodward Avenue und vor dem dort befindlichen **Coleman A. Young Municipal Center,** dem **Rathaus.**

Sie wurde im norwegischen Oslo gegossen, mit Säure bearbeitet, um ihr die charakteristische **grüne Patina** zu verleihen, und dann an Bord eines bundesdeutschen Frachters nach Detroit verschifft. Zum Zeitpunkt der Einweihung handelte sich um die größte aus einem Stück gegossene Bronzestatue seit der Renaissance.

Die **sitzende männliche Figur** hat ausgestreckte Arme und zwei Gegenstände in den Händen. Der goldene, strahlende Himmelskörper in der

Die gleichnishafte Statue The Spirit of Detroit

linken Hand ist ein Symbol für Göttlichkeit; nach Aussage des Künstlers handelt es sich dabei ausdrücklich um ein religionsunabhängiges Symbol, auch wenn sich auf der Wand hinter der Statue ein Bibelzitat befindet. Die goldene Familie in der rechten Hand steht für alle menschlichen Beziehungen. Insgesamt sollte die Arbeit, so der Auftrag der Stadtoberen in den 1950er-Jahren, Hoffnung und Fortschritt symbolisieren.

Heute wird die Statue auch gern mal verkleidet: So trug sie bei Erfolgen der Detroit Red Wings das rote Trikot des Eishockeyvereins. Außerdem schmückt sie das Wappen des 2012 gegründeten Fußballvereins Detroit City FC.

› 2 Woodward Ave.

014de-axs

5 One Woodward Avenue ★★ [F9]

One Woodward Avenue, fertiggestellt 1962, ist der einzige Wolkenkratzer Detroits aus den 1960er-Jahren und direkter Vorläufer zweier weltberühmter Zwillingstürme, die ein tragisches Ende nahmen.

Der Turm wurde von dem US-amerikanischen Architekten **Minoru Yamasaki** (1912–1986) im Internationalen Stil entworfen. Es war dessen erstes Hochhaus und gilt als Gesellenstück vor Errichtung des ebenfalls von ihm entworfenen World Trade Centers in New York zehn Jahre später.

Das Gebäude sitzt auf einem quadratischen Sockel; ein drei Stockwerke hohes Atrium wird komplett von einer Glasfront umschlossen, die aus 82 jeweils 10 m hohen Glaselementen besteht und dem Bau einen schwebenden Charakter verleiht. Darüber sind die **schmalen Fenster** auffällig, die auch bei späteren Gebäuden Yamasakis anzutreffen sind und sich zu einem seiner Markenzeichen entwickelten. Sie beruhen, wie er selbst betonte, auf seiner Höhenangst: Menschen sollten sich im Gebäude sicher fühlen und zugleich die Aussicht genießen, was bei zu großen Fenstern oder reinen Glasfronten seiner Ansicht nach unmöglich sei. Zugleich geben diese langgezogenen Fenster, die in vorgeformte, mit Marmorstücken versetzte Betonelemente eingelassen sind, seinen Gebäuden einen ungewöhnlich starken vertikalen Charakter.

‹ Futuristisch in Weiß: das Hochhaus One Woodward Avenue (1962)

Beim Betreten der **Innenräume** fallen sofort die Dominanz der Farbe Weiß und die schon fast unheimlich wirkende Helligkeit ins Auge, ebenso wie die minimalistische Einrichtung und die futuristisch anmutende, runde Rezeption in der Mitte. Das alles erinnert stark an Science-Fiction-Filmkulissen der 1960er-Jahre. Die kleine **Statue** vor dem Haupteingang, Passo di Danza vom italienischen Bildhauer Giacomo Manzù, steht seit 1963 an dieser Stelle. Das **Foyer** und der umgebende **Sockel des Turms** sind an Wochentagen **öffentlich zugänglich.**

› 1 Woodward Ave.

6 Guardian Building ★★★ [F9]

Das Guardian Building ist der letzte große Art-déco-Wolkenkratzer aus der Glanzzeit Detroits in den 1920er-Jahren.

Eröffnet im Frühjahr 1929 – nur wenige Monate vor dem Finanzcrash und der Weltwirtschaftskrise –, wirkt das Guardian, als hätte man in diffuser Vorahnung und als großes Finale noch einmal jeden nur erdenklichen Prunk und die damalige State-of-the-Art-Technologie in seine riesige Hülle gepackt. Der über 150 m hohe, 40-stöckige Turm ist eine Stahlkonstruktion, die mit 1,8 Mio. Backsteinen ummauert ist – zur Eröffnung handelte es sich um das größte **Backsteingebäude** der Welt. Entworfen wurde es von dem Architekten **Wirt C. Rowland** (1878–1946), der bei Albert Kahn (s. S. 44) in die Lehre gegangen war und unter anderem das nahe gelegene Penobscot Building 7 entwarf.

Weitaus spektakulärer als das Äußere ist das Innenleben des Guardian Building. Es wird sofort klar, warum es **„Cathedral of Finance“** genannt wird: Man ist schlicht überwältigt von der Größe, den Farben und den Formen, von denen man nach Durchschreiten des Portals umgeben ist. Die gut zehn Meter hohe **Gewölbedecke** ist im **aztekischen Stil** mit knalligen Farben und geometrischen Mustern gestaltet, unter anderem mit den charakteristischen Kacheln der örtlichen Pewabic Pottery 37. Die Säulen sind auf schwarzen Marmorsockeln aus Belgien positioniert und bestehen aus italienischem

015de-axs

Die farbenprächtige, aztekisch gestaltete Lobby des Guardian Building (1929)

Travertin. Roter Marmor wurde extra aus Nordafrika importiert – angeblich wurde nur für diesen Zweck eine bereits stillgelegte Mine wiedereröffnet und danach wieder geschlossen, da weltweit kein anderer Marmor aufzutreiben war, der Rowland zufriedenstellte. Das farbige Glas stammt aus Frankreich. Unter der farbigen Decke wurde eine schallabsorbierende Schicht aus Pferdehaar eingearbeitet, deshalb ist es in der Halle trotz ihrer enormen Ausmaße ungewöhnlich leise.

Das Guardian Building ist **öffentlich zugänglich**, zumindest ein kurzer Rundgang durch den Eingangsbereich und die ehemalige Schalterhalle ist ein Muss für jeden Detroit-Besucher. Dort haben sich **Einzelhandel und Cafés** angesiedelt.

› 500 Griswold St., http://guardianbuilding.com, tägl. 8–17.30 Uhr, besonders Sa. aufgrund privater Veranstaltungen (Hochzeiten) oft nur teilweise zugänglich

7 Penobscot Building ★★ [F8]

Das Penobscot – oder genauer Greater Penobscot – ist eine der Perlen des Art déco in Detroit. Knapp 50 Jahre lang war es das höchste Gebäude der Stadt.

Benannt nach einem **Indianerstamm** aus Maine, geht es auf das Vermögen und die Initiative eines Holzfällerbarons zurück. Nachdem in den Jahren 1905 und 1916 bereits zwei kleinere Gebäude gleichen Namens an der W Fort St. entstanden waren, wurde mit dem 47-stöckigen Turm des Greater Penobscot von Kahn-Schüler **Wirt C. Rowland** an der Griswold Street ein drittes Gebäude angebaut. Es war bei seiner Eröffnung 1928 mit gut 170 m eines der höchsten Gebäude der Welt und das vierthöchste der USA. Bis zur Eröffnung des RenCen 1 fast 50 Jahre später blieb es das höchste Bauwerk Detroits.

Der massive Komplex hat einen Sockel aus Granit und ist in Kalkstein gefasst. Die oberen Stockwerke des Turms sind stufenartig versetzt, vergleichbar mit dem Fisher Building 25. Der Bau ist außen und vor allem innen reich an **indianischer Ornamentik im Art-déco-Stil**, die architektonischen Schmuckelemente stammen von dem italienisch-amerikanischen Bildhauer Corrado Parducci. Das opulente Portal besteht aus Marmor, Messing und Glas. Die Lobby ist leider nicht mehr in originalem Zustand.

Das Dach krönt seit der Eröffnung eine **rote Kugel** mit etwa 3 m Durchmesser, die von innen beleuchtet werden kann. Im Gegensatz zu einer in Detroit weit verbreiteten Legende war diese Kugel nie ein Hafen für Luftschiffe, sondern schlicht ein spektakulär geratenes Gefahrenfeuer für den Luftverkehr.

› 645 Griswold St., www.penobscotbuilding.com, Lobby Mo.–Fr. 8–17 Uhr

8 Campus Martius ★★ [F8]

Die vielfältigen Bezüge zur römischen Antike finden auch in der Namensgebung einiger zentraler Plätze Detroits ihren Niederschlag. Der Campus Martius, das „Marsfeld“, ist einer davon.

Der Campus Martius wurde nach dem großen Stadtbrand von 1805 von dem damaligen Chefplaner, dem obersten Richter des Michigan Territoriums **Augustus B. Woodward**, als Ausgangspunkt einiger der wichtigsten Verkehrsachsen Michigans angelegt. Gut 200 Jahre später ist er in dieser ihm zugedachten Rolle trotz enormer struktureller Veränderungen in der Stadt nach wie vor deutlich sichtbar. Der Aufbau erfolgte auf Basis eines **Radialsystems** nach dem Vorbild von Washington und Paris. Auf dem Campus Martius treffen sich seit damals fünf Achsen, heute sind die Michigan Avenue, die Monroe Avenue und die **Woodward Avenue** die wichtigsten. Letztere ist nach wie vor die zentrale Achse Detroits, die als M-1 schnurgerade durch die Vororte der Stadt bis in das ca. 50 km entfernte Pontiac im Norden führt. Ein Teil wurde 1909 als erste Straße der USA mit einer Betondecke versehen. Die **Michigan Avenue** führt in westliche Richtung aus der Stadt hinaus. Der Campus Martius ist zudem Ausgangspunkt des Koordinatensystems in Detroit: Von hier werden die Straßen nach Norden gezählt, und zwar bis zur Stadtgrenze an der 8 Mile Road, die, wie der Name schon sagt, genau acht Meilen vom Campus Martius entfernt ist. Der „**Point of Origin**", ein im Boden eingelassener Marker, ist in der Mitte des Platzes zu bestaunen.

Seit Kurzem ist der Campus Martius frisch herausgeputzt und lädt wieder zum Verweilen ein. Er wurde in den letzten Jahren als neuer Stadtplatz konzipiert und ansprechend gestaltet. Die Seiten sind baumbestanden, an zentraler Stelle wurde ein Brunnen mit Wasserspiel errichtet, die **Woodward Fountain**, daneben lädt ein **Café** zum Verweilen ein. Am südlichen Ende des Platzes steht das 1872 enthüllte **Michigan Soldiers' and Sailors' Monument**, das die im US-amerikanischen Bürgerkrieg Gefallenen ehrt und 2006 hierher versetzt wurde. Daneben ist im Sommer eine kleine **Strandbar** aufgebaut. Den nördlichen Teil des Parks bildet schließlich der **Rink**, im Winter **Eislaufbahn**, im Sommer **Bühne.**

Östlich des Campus Martius erstreckt sich der längliche **Cadillac Square** [F–G8], der immer noch etwas verwahrlost daherkommt. Ein großer Teil seiner ehemals dichten Bebauung musste im Laufe der Jahrzehnte schnöden Parkplätzen

☑ *Haupteingang des Penobscot*

008de-axs

weichen. Das prächtige, 1902 fertiggestellte **Wayne County Building,** gewissermaßen das ehemalige Landratsamt, steht seit vielen Jahren leer. Zumindest ist der westliche Teil des Cadillac Square in direkter Nachbarschaft des Campus Martius beliebter Standplatz zahlreicher **Food Trucks.**

9 Merchant's Row ★★★ [F8]

In den 1920er-Jahren soll die Gegend um die Woodward Ave. zwischen Campus Martius 8 und Grand Circus 12 die verkehrsreichste der USA gewesen sein. Sicherlich war sie Detroits erste Adresse in Sachen Konsum.

Edle Einzelhändler reihten sich neben riesige Warenhäuser, von Kaffee über Zigarren bis hin zu vor Ort gefertigten Instrumenten oder importierter Keramik gab es hier bis in die 1940er-Jahre und noch darüber hinaus so ziemlich alles zu kaufen. In den 1980er-Jahren jedoch waren Kaufhäuser und Einzelhändler ins Umland abgewandert, die meisten Gebäude vernagelt, die Straße wie ausgestorben. Heute füllt sich die Gegend wieder mit Leben, und die weitgehend erhaltenen **Geschäftshäuser** aus dem späten 19. und frühen 20. Jh., viele davon entworfen von Albert Kahn (s. S. 44), stehen unter **Denkmalschutz.**

Der **Lower Woodward Avenue Historic District,** wie dieser Teil der Innenstadt auch genannt wird, beherbergte mit Hudson's einst das größte Warenhaus der Welt. Das riesige Backsteingebäude wurde Ende der 1990er-Jahre abgerissen, dort entsteht momentan ein **neuer Wolkenkratzer,** der bis Mitte der 2020er-Jahre das **höchste Gebäude Detroits** werden soll. Ansonsten geben die klassischen Geschäftshäuser mit ih-

KLEINE PAUSE

Auf einen Coney Dog im Fast-Food-Paradies

Zwei **kulinarische Ikonen** finden sich westlich des Campus Martius 8 auf einem spitz zulaufenden Block zwischen Michigan Ave. und West Lafayette Blvd. Hier lockt jedoch keine Spitzengastronomie, sondern es buhlen zwei traditionsreiche Fast-Food-Tempel um die Aufmerksamkeit pozentieller Kunden: das **Lafayette Coney Island** und das **American Coney Island.**

Beide bieten, schon der Name lässt keinen Zweifel, seit 1917 in erster Linie **Coney Dogs** (s. S. 12) an. Das Gerücht besagt, dass sich die beiden Besitzer in inniger Abneigung verbunden sind.

In Detroit ist es eine **elementare Glaubensfrage,** ob man nun den einen oder den anderen Hot Dog besser findet, und die überwiegende Mehrheit kann diese Frage auch im Brustton der Überzeugung beantworten. Eine kleine Minderheit schmeckt beim besten Willen keinen Unterschied und outet sich dadurch als krasser Außenseiter.

Wie dem auch sei, ein Besuch vor allem des Lafayette Coney Island ist schon wegen der einzigartigen Atmosphäre zu empfehlen: Die **Einrichtung** hat sich seit Jahrzehnten kaum verändert und man fühlt sich unwillkürlich in eine andere, längst vergangene Zeit versetzt.

1 [F8] **Lafayette Coney Island,** 118 W Lafayette Blvd., www.facebook.com/Lafayette-Coney-Island-143071722397988, tägl. 9–3 Uhr (teilweise auch länger)

2 [F8] **American Coney Island,** 114 W Lafayette Blvd., http://americanconeyisland.com, 24 Std. tägl. geöffnet

017de-axs

ren Fassaden aus Backstein, Keramik oder Terrakotta, Messing, Holz und Glas dem Viertel ein besonderes Flair. Heute erstreckt sich hier wieder eine der interessantesten **Einkaufsstraßen** Detroits. Neben lokalen Produzenten haben erste Weltkonzerne Filialen eröffnet. Hier finden sich Coffee Shops, Bars, Restaurants, Hotels bis hin zu Barber Shops, Yoga- und Wellnessoasen.

10 The Belt ★★ [G8]

Die **enge Seitengasse** in Downtown fungiert als **öffentliche Galerie.** Konzeptualisiert und verwirklicht 2013 von der nahe gelegenen Galerie **Library Street Collective** (s. S. 74), sind hier auf etwa 150 m Installationen und Wandmalereien von lokalen und internationalen Künstlern vereint. Die Gasse ist außerdem ein Ort für Modenschauen und weitere Events und beherbergt mit **The Skip** (s. S. 86) eine auch visuell in die Umgebung integrierte Cocktailbar.

Frisch herausgeputzt: weiße Kacheln an der Merchant's Row

Der **Eingang von der Grand River Avenue** ist überspannt von einer 2018 fertiggestellten Installation aus Stahl und buntem Plexiglas von **Tom Fruin.** Fruins Arbeiten finden sich überwiegend im öffentlichen Raum in Europa und den USA und sind nachhaltig, also vollständig aus wiederverwerteten Materialien, hergestellt. Ebenfalls aus 2018 stammt **Rosson Crows** farbgewaltiges Landschaftspanorama des klassischen amerikanischen Westens. Der portugiesische Street-Art-Künstler **Vhils** hat eines seiner charakteristischen weißen, scheinbar in die Mauer geschnitzten Gesichter hinterlassen. Ebenso prägnant sind die comicartigen, bunten und klaren Formen von **Nina Chanel Abney**, die in ihren Werken mit popkulturellen Motiven die politische Dimension ethnischer Konflikte und Geschlechteridentitäten thematisiert.

Insgesamt waren bisher rund ein Dutzend Kunstschaffende bei The Belt involviert, die Dauerausstellung wird aber ständig erweitert. Infos zu einzelnen Werken erhält man über die Website und natürlich vor Ort.

› zwischen Grand River und Gratiot Ave., www.thebelt.org

11 Book Tower ★ [F8]

Ist er nun auffallend hässlich oder außergewöhnlich interessant? Bei diesem Hochhaus im Stil der Neorenaissance scheiden sich die Geister.

Am Washington Boulevard steht seit 1926 der Book Tower, finanziert von einer der damals reichsten Familien Detroits, den Book Brothers, und entworfen von dem in Bayern geborenen Architekten **Louis Kamper** (1861–1953). Zumindest war der Turm zu seiner Eröffnung das höchste Bauwerk der Stadt, wenn auch nur kurz: Bereits zwei Jahre später lief ihm das Penobscot Building 7 den Rang ab. Auffällig, um es zurückhaltend auszudrücken, ist die Form des Book Towers: die ersten knapp 20 Stockwerke (abgesehen von einem Ornamentgürtel auf etwa halber Höhe) schlank und relativ schmucklos und dann dieser überladene Wasserkopf mit Balkonen und Säulen, Schnörkeln, Kränzen und Figuren, gekrönt von einem leuchtend grün patinierten Kupferdach. Zugegeben, es war Kampers erstes Hochhaus und deshalb unterlief ihm ein gewichtiger Fehler: Da er im Eifer des Gefechts das Treppenhaus als Fluchtweg zu planen vergaß, musste außen am Gebäude eine externe Feuerleiter aus Metall installiert werden. Innen scheint die Planung hingegen bestens funktioniert zu haben: Zur Eröffnung beherbergte der Book Tower ein Hotel auf 29 Stockwerken mit einem Treppenhaus aus Marmor, korinthischen Säulen und massiven Kronleuchtern, eine venezianische Lobby und einen florentinischen Ballsaal – ein prunkvolles Interieur, das die Stadt in Erstaunen versetzte. Momentan wird das Hochhaus **von Grund auf modernisiert**, die **Neueröffnung** ist für **Anfang der 2020er-Jahre** geplant.

› 1265 Washington Blvd., www.booktowerdetroit.com

018de-axs

12 Grand Circus Park ★ [F7]

Im Sommer ist der Park unter den Angestellten der nahen Bürotürme als Oase für die Mittagspause beliebt. Er verbindet die Theater und Sportstadien im Norden der Innenstadt mit dem geschäftigen Süden.

Angelegt in Form eines **Halbkreises**, war der Grand Circus Teil des Wiederaufbauplans von Augustus B. Woodward 1805. Lange Zeit galt er als einer der zentralen Plätze und war von prachtvollen Bauten umgeben. Heute wirkt er an einigen Stellen weniger edel; Leerstand, Brachen und schnöde Parkplätze geben eine nicht

Ein Bayer in Detroit: der von Louis Kamper erbaute Book Tower

gerade berauschende Einfassung ab. Trotzdem ist seine alte Pracht deutlich spürbar und sogar bedeutende Gebäude wie das David Whitney Building ⓭ und die Oper ⓮ haben hier ihren Platz.

Die **Woodward Avenue** teilt den Platz in zwei Teile. An der nordöstlichen Ausfahrt, Kreuzung Adams und Woodward, steht ein **Denkmal zu Ehren Hazen S. Pingrees**: Pingree war Ende des 19. Jh. zugleich gewählter Bürgermeister von Detroit und gewählter Gouverneur von Michigan, bis ihm der Oberste Gerichtshof diese Doppeltätigkeit untersagte und er das Bürgermeisteramt abgeben musste. Sein progressives Programm machte ihn zu einem der heute bekanntesten Bürgermeister in den USA überhaupt: Er propagierte *urban farming*, öffentlichen Nahverkehr und ein breites Sozialprogramm, attackierte private Monopole und Korruption. Das Denkmal weist ihn als „Idol" der Bürger Detroits aus. Von gegenüber blickt etwas neidisch sein konservativer Gegenspieler und Nachfolger im Bürgermeisteramt herüber: William Cotter Maybury. Er erreichte nie die Bedeutung Pingrees, wurde aber von seinen Anhängern ebenfalls mit einem Denkmal geehrt.

› 1601 Woodward Ave.

⓭ David Whitney Building ★★ [F7]

Auch wenn der Grand Circus Park ⓬ über die Jahrzehnte viel von seinem einstigen Glanz verloren hat, stehen hier nach wie vor einige architektonische Schätze der Stadt. Eines davon ist das David Whitney Building.

Das Gebäude steht an der Einmündung des Merchant's Row ❾ genannten Abschnitts der Woodward Ave. in das große Halbrund des Grand Circus. Benannt ist es nach dem steinreichen **Holzfällerbaron David Whitney**, der in der zweiten Hälfte des 19. Jh. mit dem Abholzen von Primärwäldern in Michigan ein Vermögen anhäufte. Der Bau wurde 1914 begonnen, die Planung übernahm der namhafte Stadtplaner und Architekt Daniel H. Burnham. Das Resultat, 1915 eröffnet, war spektakulär: Die ersten vier Geschosse bildeten ein lichtdurchflutetes Atrium aus Terrakotta und Marmor, das edle Herrenausstatter, Apotheken und Zigarrenläden als Mieter vorweisen konnte. In den restlichen 14 Stockwerke siedelten sich vor allem Arztpraxen und

019de-axs

Innenansicht des David Whitney Buildings

Freiberufler wie Rechtsanwälte an. Das David Whitney Building gehörte ohne Zweifel zu den ersten Adressen von **Detroits feiner Gesellschaft.**

1959 wurde das Gebäude modernisiert, zum Glück nur von außen, das jedoch gründlich: Die Terrakotta-Fassade sowie alle klassischen Stilelemente wie etwa die Säulen in den oberen Stockwerken verschwanden, dem Haus wurde ein einheitlicher, funktionaler Look verpasst. Mit dem Schrumpfen Detroits insbesondere ab den 1970er-Jahren blieben allerdings die Kunden und folglich die Mieter weg, sodass das Haus das Schicksal vieler Nachbarn teilte und 2000 schließlich die Pforten schloss. Die Wiedergeburt erfolgte 2014 mit einem Mischkonzept als **Hotel** und **Apartmenthaus.** Dem gingen Millioneninvestitionen voraus, die auch die Fassade zumindest teilweise in den Originalzustand zurückversetzten. Unbedingt einen Blick wert ist das nahezu vollkommen erhaltene **Atrium.** Und wer für den Besuch Detroits ein wenig mehr springen lassen will, kann im Hotel **Aloft Detroit at The David Whitney** (s. S. 127) nächtigen.

› 1 Park Ave., www.davidwhitneybuilding.com, Atrium bzw. Hotel-Lobby rund um die Uhr geöffnet

14 Detroit Opera House ★★ [F7]

Das Opernhaus war ursprünglich ein Filmpalast, und zwar Detroits erster, eröffnet 1922 als Capitol Theatre und mit 3500 Plätzen damals einer der größten Kinosäle der Welt.

Wie man an der Fassade an der Broadway Street und insbesondere im Inneren des Hauses unschwer erkennen kann, waren dem **Architekten C. Howard Crane** die klassischen Opernhäuser Europas Vorbild, durch die er in frühen Jahren ausführlich getourt war.

Nicht zuletzt deswegen zeichnet sich das Opera House durch eine **erstklassige Akustik** aus, für die Crane besonders gelobt wird. Das Innere des Gebäudes ist im Stil der italienischen Renaissance gehalten, mit viel Marmor, Stuck, Wandmalereien und Ölgemälden (im Originalzustand). Die einstigen Lüster aus Glas sind ebenso wie der Bühnenvorhang aus italienischem Damast nicht erhalten. Zugleich implementierte Crane die damals neuesten Technologien, zum Beispiel eine der größten **Kinoorgeln** der Welt – wichtig zu Beginn der 1920er-Jahre in der Hochphase des Stummfilms. Bereits 1928 wurde die erste Audioausrüstung für den Tonfilm installiert.

Das Kino wechselte in den ersten Jahrzehnten mehrmals den Besitzer, blieb aber seiner Bestimmung als Kinosaal treu und war bei den Detroitern sehr beliebt. Als sich die Zeit der großen Kinosäle dem Ende zuneigte, diente der Bau zunehmend als **Konzertsaal:** zunächst für Jazzgrößen von Duke Ellington bis Louis Armstrong, ab Mitte des Jahrzehnts für Rock-and-Roll-Künstler wie Bill Haley (1954), der die erste **Rock-and-Roll-Show** überhaupt nach Detroit brachte. Zugleich wurde der Bau weiterhin als Kino genutzt, in den 1950ern sogar noch für Weltpremieren. Mit dem Bevölkerungsschwund in Detroit blieb dann aber irgendwann das Publikum aus, in den 1970ern wurden nur noch die mittleren Sitzreihen benutzt, die ausreichten, um das Publikum zu fassen, das drittklassige Kung-Fu- und Softpornofilme sehen wollte. Die letzten Filme dieser Art vor skurril-pompöser Kulisse liefen Ende 1978.

Nach drei Jahren Leerstand öffnete das Haus 1981 noch einmal für vier Jahre als Konzertsaal seine Pforten und bot einigen der populärsten Pop- und Rockgrößen der 1980er-Jahre eine Bühne, mit so klangvollen Namen wie Grace Jones, Cyndi Lauper, R.E.M., Motörhead, The B-52s oder U2.

Als die Schäden am Gebäude für einen sicheren Betrieb zu groß wurden, schloss das Haus 1985 erneut, zur jahrelangen Vernachlässigung kam nun auch noch Vandalismus hinzu. Enorme Schäden brachten das Haus nahe an einen Abriss, der nur deswegen nicht erfolgte, weil der Wert des Grundstücks unter den Kosten für den Abriss lag, ein typisches Detroiter Schicksal. 1988 schließlich wurde es als künftiges Stammhaus der **Michigan Opera Company** gekauft und einer umfangreichen, acht Jahre dauernden **Restaurierung** unterzogen, die es heute so wunderbar in altem Glanz erstrahlen lässt.

› 1526 Broadway St., https://michiganopera.org, Tel. 313 9613500. Das Foyer ist während der Öffnungszeiten des Ticket Office (Mo.–Fr. 10–17.30 Uhr) zu besichtigen, geführte Touren finden nur sporadisch statt (Termine und Preise telefonisch erfragen).

15 Fox Theatre ★★★ [F6]

Das 1928 eröffnete Fox Theatre ist mit gut 5000 Plätzen der größte der von Filmpionier William Fox finanzierten Kinopaläste. Und Palast ist hier durchaus das richtige Wort. Es ist bestens erhalten und wird heute als Bühne genutzt.

Das Fox Detroit ist größer als seine Geschwister in New York oder San Francisco, was aufgrund der Bedeutung Detroits in den 1920er-Jahren nicht weiter verwunderlich ist. Die **Fassade** aus Terrakotta wirkt noch zurückhaltend, hat man aber einmal das **Innere** des Hauses betreten, steht man mit offenem Mund da. Es dominieren orientalische Motive, Pflanzen, Tiere, menschliche Gesichter und geometrische Formen aus Marmor, Terrazzo, Messing, Silber und Edelsteinen. Tiefrote korinthische Säulen aus Stuckmarmor umfassen das Foyer und mehrere Stockwerke des Saales. Im Zentrum der kuppelartigen Decke, die ein Zeltdach symbolisieren soll, hängt ein tonnenschwerer Glaslüster. Der Eindruck ist schlicht überwältigend – die Bezeichnung des Fox als „**Kronjuwel Detroits**" ist passend.

020de-axs

› Eines der Prunkstücke Detroits: das Fox Theatre

Entworfen wurde das Fox wie alle anderen großen Kinos Detroits in jenen Tagen von dem Architekten **C. Howard Crane.** Zur Ausstattung gehörte immer eine Kinoorgel von Wurlitzer, die hier sogar bestens erhalten ist.

Der **Terrazzoboden der Hauptlobby** kam übrigens erst bei einer großen Renovierung im Jahr 1988 zum Vorschein. Eve Leo, Frau von William Fox, fand ihn geschmacklos und ließ vor Eröffnung einen Teppich darüberlegen. Den größten jemals in einem Stück fabrizierten Wollteppich, versteht sich, der dann auch über ein halbes Jahrhundert dort lag.

Der Prunk dieser **Perle des Art déco** ist an sich schon überwältigend, und wenn man dann auch noch ein **Konzert** nach seinem Geschmack erwischt, wird das Ganze zu einem unvergesslichen Erlebnis. Heute ist das Gebäude in der Regel **nur im Rahmen von Veranstaltungen geöffnet,** man kann jedoch auch eine sehr empfehlenswerte **Tour hinter die Kulissen** buchen: Diese werden zwar erst ab 15 Personen angeboten, allerdings kann man sich auch als Gast an bestehende Gruppen „dranhängen".

› 2211 Woodward Ave., www.olympiaentertainment.com/venue/fox-theatre-2, **Theatertour:** Mo.–Fr. an Tagen ohne Veranstaltung, 45 Min., $ 10 pro Person, Buchung über die Website www.olympiaentertainment.com/events/group-sales/fox-theatre-tours und unter Tel. 313 4713099

16 Comerica Park und Ford Field ★ [G6]

Mit dem Comerica Park eröffnete im Jahr 2000 das erste große Sportstadion im Zentrum der Stadt, zwei Jahre später das direkt nebenan stehende Ford Field.

Die ehemals dichte Bebauung an dieser Stelle Downtowns wies bereits vor Baubeginn der beiden Stadien große Lücken auf. Die Neubauten waren Teil des Revitalisierungsprojekts für Downtown Detroit. Heute sind

021de-axs

mit der nicht weit entfernten Little Caesars Arena ⑲ wieder alle **klassischen US-amerikanischen Sportarten** zentrumsnah vereint. Der Besuch eines Spiels ist ein Muss für Baseball- und Football-Fans. „*Going to the ball game*" ist schließlich elementarer Teil der US-amerikanischen Kultur.

Der **Comerica Park** ist Heimstadion der **Detroit Tigers**, der **Baseballmannschaft** der Stadt. Das offene, weite Stadion mit über 40.000 Plätzen ist mitunter auch Austragungsort von Fußballspielen europäischer Spitzenmannschaften, die hier zu Werbezwecken freundschaftlich aufeinandertreffen. Der Zugang zum Stadion erfolgt direkt von der Woodward Avenue; vom nordöstlichen **Upper Deck** hat man einen herrlichen **Ausblick über die Skyline Detroits.**

Das **Ford Field** ist ein Stadion mit gewölbtem Dach und mehr als 70.000 Sitzplätzen, in dem in erster Linie die **Footballmannschaft** der **Detroit Lions** ihre Heimspiele bestreitet, aber etwa auch Konzerte stattfinden. Interessant ist die bauliche Einbeziehung eines alten Backstein-Lagerhauses aus den 1920er-Jahren, in dem die Suiten des Stadions untergebracht sind. Mitglieder der Familie Ford haben sich nicht nur die Namensrechte für das Stadion gesichert, ein Teil der Familie ist zudem Eigentümer des Footballklubs.

› **Comerica Park,** 2100 Woodward Ave., https://www.mlb.com/tigers/ballpark, Tickets $ 30–$ 200

› **Ford Field,** 2000 Brush St., www.fordfield.com, Tickets $ 50–$ 400

Comerica Park, Heimstätte des Baseballteams der Detroit Tigers

⑰ Greektown ★★ [G8]

Greektown ist besonders für sein Kasino bekannt, aber auch für seine Bars und Restaurants. Es ist trotz wachsender Konkurrenz nach wie vor das größte zusammenhängende und beliebteste Amüsier- und Ausgehviertel Detroits.

Das heutige Greektown war ein zu Beginn des 19. Jh. überwiegend von deutschen Migranten und ihren Nachkommen bewohntes Viertel. Als diese in anderen, weiter von Downtown entfernten Stadtteilen ihre Häuschen zu bauen begannen, waren es insbesondere **griechische Einwanderer**, die in die frei werdenden Gebäude zogen. Um 1900 war Greektown bereits ein fester Begriff und er blieb es auch, als sich das Viertel in den 1920er-Jahren von einem Wohn- in ein Amüsierviertel zu verwandeln begann. Die Einwohnerzahl sank allmählich, die ehemaligen Bewohner griechischer Abstammung behielten aber weitgehend ihre Geschäfte und Restaurants.

Das eindrucksvollste Relikt der ehemaligen deutschen Community ist die 1885 eröffnete **Old St. Mary's Church,** die älteste bestehende römisch-katholische Kirche in Detroit, die an dieser Stelle einen Vorgängerbau von 1841 ersetzte. Heute steht sie etwas verloren nahe der Stadtautobahn I-375 am Rande Greektowns, direkt gegenüber dem Kasino und umgeben von Parkplätzen. Das neuromanische Sakralgebäude in Kreuzform zeichnet sich im Inneren durch zierlich wirkende Säulen aus Granit und imposante Fresken aus. Das ehemalige Schulgebäude der katholischen Gemeinde, noch bis weit in die 1960er-Jahre in Betrieb, ist auf der anderen Seite der St. Antoine Street erhalten.

Dreh- und Angelpunkt des Viertels ist heute aber das riesige **Greektown Casino-Hotel.** Das Hotel (s. S. 128) ist aufgrund seiner zum Teil großartigen Aussicht zu empfehlen. Der zugehörige Spielsalon (s. S. 88) befindet sich in einem anderen Block, ist aber über Gänge und Überführungen mit dem Hotel verbunden. Wer einmal in Las Vegas war, ist von der Größe des Kasinos wahrscheinlich weniger beeindruckt, für europäische Verhältnisse allerdings ist das Haus gigantisch. Ein Besuch lohnt sich auch für Menschen, die mit **Glücksspiel** nichts am Hut haben: Es ist hochinteressant, etwa semiprofessionellen Pokerrunden oder hochprofessionellen Croupiers zuzusehen. Außerdem gibt es zahlreiche Bars mit hervorragend gemixten Drinks und einige gute Restaurants. Die Stimmung ist vor allem am Wochenende auf dem Höhepunkt.

Neben dem Kasino ist vor allem die **Monroe Avenue** sehenswert, auf der sich in alten **Backsteingebäuden** zahlreiche griechische Restaurants wie etwa das **New Parthenon** (s. S. 81) und Bars wie die **Exodos Rooftop** (s. S. 85) aneinanderreihen. Die Monroe Avenue zwischen Randolph Street im Westen und I-375 im Osten ist das Zentrum des Amüsierviertels, mit Abstrichen gehört auch die südlich der Monroe Avenue gelegene **East Lafayette Street** [G–J8] noch dazu.

› http://greektowndetroit.org

ii3 [H8] **Old St. Mary's Church,** 646 Monroe Ave./Ecke St. Antoine St., http://oldstmarysdetroit.com

Typisches Gebäude in Brush Park

Midtown

Das nordwestlich an Downtown anschließende Midtown entwickelte sich nach dem großen Stadtbrand von 1805 und erlebte in der zweiten Hälfte des 19. Jh. einen wahren Bauboom. Teile Midtowns wurden für wenige Jahrzehnte zur ersten Adresse der Stadt. Davon sind heute nur noch Reste übrig, nachdem Midtown besonders hart vom Verfall Detroits betroffen war. Noch bis in die frühen 2000er-Jahre galten ganze Blocks selbst am Tag als brandgefährlich. Das hat sich mittlerweile grundlegend geändert: Midtown ist heute Teil des viel zitierten Comebacks der Stadt. Große Bereiche werden vom Campus der Wayne State University, der drittgrößten Universität Michigans, und dem Medical Center mit mehreren Krankenhäusern beansprucht. Gleichzeitig finden sich hier einige der wichtigsten Museen, Galerien und Bühnen sowie vor allem in der „Cass Corridor" genannten Gegend zwischen Cass and Woodward Avenue [F2–6] Restaurants und Einkaufsmöglichkeiten.

18 Brush Park ★ [G5]

Brush Park in der südöstlichen Ecke von Midtown war ab ca. 1850 bis in das frühe 20. Jh. das angesagteste Viertel für den Geldadel Detroits. Heute sind große Teile des Gebiets von bizarr anmutenden, einsam in der „urban prairie" stehenden Prachtvillen geprägt, entweder frisch renoviert oder als Ruine. Ganze Blocks sind entleert, andere mit unscheinbaren, kleinen Reihenhäusern bebaut.

Zu Beginn des 20. Jh. erstreckten sich Hunderte **Villen viktorianischen Stils** über 22 Blocks von der Woodward Ave. bis hin zur heutigen I-75. Alles, was in Detroit Rang und Namen hatte, wohnte hier in repräsentativen Häusern. Davon ist heute nur noch ein kleiner Rest erhalten. Die Veränderung begann bereits in den 1920er-Jahren, als insbesondere die zunehmende **Motorisierung** dafür sorgte, dass weiter außerhalb liegende Gebiete als Wohnort erreichbar wurden. Der Geldadel zog weiter, vor allem in die damals beliebten Viertel Indian Village 36 und Boston-Edison 30. In die alten Villen Brush Parks zogen Arbeiter der Automobilindustrie mit ihren Familien. Die Gebäude wurden in mehrere Einheiten aufgeteilt, oft wurde dank der großen Gärten angebaut oder Bauten wurden ganz abgerissen und durch einfache Mehrfamilienhäuser ersetzt. Das ehemalige Reichenviertel wurde zu einem **Arbeiterviertel**, das von der großen Weltwirtschaftskrise ab 1929 besonders hart getroffen wurde. Im Laufe der 1930er-Jahre zogen vermehrt Afroamerikaner nach Brush Park, das zusammen mit dem angrenzenden Black Bottom zum **Zentrum der afroamerikanischen Bevölkerung Detroits** avancierte. Die ersten großen ethnischen Konflikte in den 1940er-Jahren trafen das Viertel hart und der dramatische wirtschaftliche Niedergang Detroits vor allem ab den 1970er-Jahren gab Brush Park den Rest. In den 1980er-Jahren war das Viertel praktisch **entvölkert.**

Heute werden die verbliebenen historischen Gebäude unter großem Aufwand restauriert, leere Parzellen ziehen vermehrt die Aufmerksamkeit von **Investoren** auf sich. Längst ist das Potenzial dieses Viertels kein Geheimtipp mehr, die Zeit der Schnäppchen auf dem Immobilienmarkt ist hier vorbei.

Wer sich für die Reste der historischen Bebauung interessiert und die aktuelle Entwicklung in Augenschein nehmen will, dem seien die sieben Blocks zwischen Mack Avenue, I-75, John R St. und Brush St. empfohlen. Interessant ist beispielsweise die jüngste Geschichte des **Ransom Gillis House** (205 Alfred St./Ecke John R St.), von dem Anfang der 2000-Jahre nur mehr die Außenmauern standen. Von der Stadt Detroit als Eigentümerin zunächst notdürftig gesichert, wurde es 2015 im Rahmen der TV-Show „Rehab Addict“ und mit Millionen des Großinvestors Dan Gilbert publikumswirksam wiederaufgebaut. Nicht zuletzt seit dieser Sanierung steht das Viertel wieder im Scheinwerferlicht.

› zwischen Mack Ave., I-75, John R St. und Brush St.

› **Anfahrt:** QLine bis Adelaide St./Sproat St. (Fußweg ca. 5 Min. bzw. einen Block durch die Winder oder Adelaide St. nach Osten), Bus (u. a. Linien 450, 460, 610) bis Woodward & Temple

007de-axs

⑲ Little Caesars Arena ★ [F6]

Detroit hat einen neuen und preisgekrönten Sporttempel der Superlative. Die nach einer Pizzakette benannte Arena eröffnete im Herbst 2017 und beherbergt in erster Linie die **Detroit Pistons (Basketball)** und die **Detroit Red Wings (Eishockey).** Daneben finden **Konzerte** und zahlreiche weitere Sportwettkämpfe statt, von Kampfsport bis Eiskunstlaufen.

Die Arena ist weniger aufgrund ihrer Größe (je nach Veranstaltung rund 20.000 Sitzplätze), als vielmehr wegen ihrer Bauweise interessant. Das Feld bzw. die Eisfläche befindet sich rund 12 m unter der Straßenebene, die Zuschauertribünen ragen in alle Richtungen steil bis zur obersten Sitzreihe auf. Darüber befindet sich ein **überdachter Rundgang**, der die Arena mit den drumherum gebauten Gebäuden verbindet, in denen sich beispielsweise Restaurants und Fanshops befinden. Das Ganze ist natürlich vollgestopft mit modernster Technik. Der Bau wurde mehrfach ausgezeichnet und hat viel Aufmerksamkeit auf sich gezogen. Der Rundgang ist **ganzjährig geöffnet** (8–22 Uhr, bei Veranstaltungen auch länger) und es lohnt sich auch für weniger Sportbegeisterte, einen Blick hinein zu werfen. Fans von Basketball oder Eishockey sollten auf jeden Fall ein Ticket für ein Heimspiel kaufen.

› 2645 Woodward Ave., www.olympiaentertainment.com/venue/little-caesars-arena-2

› **Anfahrt:** QLine bis Adelaide St./Sproat St. (Halt direkt vor der Arena), Bus bis Woodward & Temple (u. a. Linien 450, 460) oder Woodward & Winder (Linie 4)

› **Führungen:** Termine s. Website (unter „Arena Tours"), Dauer: 75 Min., Tickets: Erw. $ 20, erm. $ 15

⑳ Detroit Masonic Temple ★★ [E5]

Der Detroit Masonic Temple ist der größte Freimaurertempel der Welt. Das riesige neugotische Gebäude, 1926 eröffnet, wartet mit einer der größten Bühnen des Landes auf.

Diesmal ist es umgekehrt: Der Tempel war nicht, wie viele andere Bauwerke Detroits, bei seiner Eröffnung der größte der Welt, sondern erst,

EXTRATIPP

Alternative Kultur im Trumbullplex

Die seit 1993 als Trumbullplex bekannte **Künstlerkollektiv** geht auf ein Hausprojekt der 1970er-Jahre zurück. Es bietet u. a. ein abwechslungsreiches **Veranstaltungsprogramm** abseits des Mainstreams. Das Areal besteht aus alten, **viktorianischen Häusern** mit Studios, Wohnraum und **Gärten** mit kleinen Nutztieren sowie Platz für *urban gardening*. Das Kollektiv bietet niedrige Langzeitmieten für Künstler und politische Aktivisten, heißt aber auch Gleichgesinnte während ihres Detroit-Aufenthalts als Übernachtungsgäste willkommen. Der öffentliche **Veranstaltungsraum** bietet eine breite Auswahl von Musik über Lesungen bis hin zu Puppentheater sowie eine enorme Sammlung an Fanzines aus Nordamerika, die man durchstöbern darf – alles auf Basis freiwilliger Spenden. Der Trumbullplex ist von seinen freundlichen Bewohnern als Ort der Zusammenkunft und des Austauschs gedacht, zugleich ist es aber auch ein Wohnort, sodass man als Gast **zurückhaltend** auftreten sollte.

•4 [bi] **Trumbullplex,** 4210 Trumbull Ave., https://trumbullplex.org

› **Anfahrt:** Bus (Linie 29) bis Trumbull & Willis, Bus (Linie 3) bis Grand River & Rosa Parks (Linie 3)

nachdem ein noch größerer in Chicago 1939 abgerissen worden war. Das **Gebäude der Superlative** verfügt über mehr als 1000 Räume, Säle und Hallen mit einem Fassungsvermögen von teilweise mehreren Tausend Menschen, darunter zwei Ballsäle, ein Swimmingpool und mehrere Sporthallen, ein (geschlossenes) Hotel und drei (!) Bühnen – die größte davon ist das im Originalzustand erhaltene **Masonic Theater** mit 4400 Plätzen. Daneben bietet der Tempel Platz für die Anhänger diverser Riten und Lehren des **Freimaurertums.**

Öffentlich zugänglich sind die **Theaterräume** im Rahmen von Veranstaltungen und die **Lobby,** ansonsten muss man sich um einen Platz in einer der wenigen **geführten Touren** bemühen.

Eine kuriose Geschichte, die Fans der Detroiter Band **The White Stripes** (1997–2011) interessieren dürfte, ereignete sich im Jahr 2013, als der frühere Sänger Jack White die Steuerschulden der Freimaurer beglich und den Tempel so vor einer Zwangsversteigerung bewahrte. Nach eigener Aussage wollte er sich dafür revanchieren, dass der Tempel einst seine Mutter im Theater beschäftigte, als diese sich in finanzieller Not befand. Seitdem heißt eine der Bühnen des Hauses **Jack White Theater.**

› 500 Temple St., www.themasonic.com
› **Anfahrt:** QLine bis Sprout St./Adelaide St. (Fußweg ca. 7 Min. nach Westen). Bus (Linie 23) bis Temple & 2nd (direkt vor dem Haus), Bus (Linien 16, 560) bis Cass & Temple (Fußweg ca. 2 Min. nach Westen)
› **Führungen:** jeden ersten und dritten So. im Monat um 15 Uhr, $ 25, $ 50 mit Fotoerlaubnis, Buchung unter Tel. 313 8327100, Infos unter www.themasonic.com/building_tours.php

023de-axs

21 Museum of Contemporary Art Detroit ★★★ [F3]

Das MOCAD bietet seit 2006 visueller und darstellender Kunst sowie Literatur und Musik einen Raum.

Das Haus ist keine herkömmliche museale Institution. Das **Museum für Zeitgenössische Kunst** sammelt und kauft nicht, sondern stellt aus und lässt ausstellen. Es bietet Raum für Lesungen und Konzerte und will in erster Linie ein Ort der Kommunikation sein. Dazu hat es seit 2006 gut 2000 m² Ausstellungsfläche in einem ehemaligen Autohaus an der Woodward Avenue zur Verfügung. Während frühere Ausstellungen noch Kooperationen mit auswärtigen Kulturinstitutionen beinhalteten (z. B. 2007 mit dem Goethe-Institut), ist es heute mehr denn je auf die **loka-**

Blick gen Himmel vor dem Haupteingang des Masonic Temple

le Kunstszene fokussiert: ein Grund, warum ein Besuch für jeden, der sich für die Stadt und ihre Menschen interessiert, von besonderem Interesse sein kann. Dem MOCAD ist das **Café 78** angeschlossen, das der Linie des Hauses folgend Gebäck und Kaffee *Made in Detroit* anbietet, aber auch eine vollausgestattete Bar mit empfehlenswerten Drinks in toller Umgebung bietet.

› 4454 Woodward Ave., https://mocadetroit.org, Mi.–So. 11–17, Do./Fr. bis 20 Uhr, Eintritt: $ 5 (empfohlen, aber nicht obligatorisch)

› **Anfahrt:** QLine bis Canfield St., Bus (Linien 4, 450, 460) bis Woodward & Canfield

22 Charles H. Wright Museum of African American History ★★★ [G2]

Es ist wenig verwunderlich, dass Detroit als überwiegend afroamerikanische Stadt auch das weltweit größte Museum und Archiv afroamerikanischer Geschichte vorzuweisen hat.

Museum und Archiv wurden bereits 1965 von dem Detroiter Arzt **Charles H. Wright** (1918–2002) gegründet, bezog aber erst 1997 die imposanten Räumlichkeiten, in denen es heute untergebracht ist. Die Fassade ist betont schlicht und wirkt erhaben, das Portal krönt eine westafrikanische Maske aus Aluminium und Gold. Die zentrale, runde Halle ist von einer Kuppel aus Buntglas mit einem Durchmesser von 30 m gekrönt, der angeschlossene quadratische Bau beherbergt den Großteil der beeindruckenden und sehenswerten Ausstellungen auf gut 11.000 m² Fläche. Zu sehen sind rund 30.000 Artefakte in sieben Bereichen. Die **Dauerausstellung** widmet sich einführend und überblicksartig zwei Themenkomplexen: einerseits Geschichte und Kultur sowie andererseits Wissenschaft und Technik. Daneben gibt es verschiedene **Wechselausstellungen**, aktuelle Infos zu Themen und Terminen liefert die Website.

› 315 E Warren Ave., http://thewright.org, Di.–Sa. 9–17, So. 13–17 Uhr, Eintritt: Erw. $ 8, erm. $ 5, Kinder unter 3 Jahren frei, Führungen auf Anfrage

› **Anfahrt:** QLine bis Warren Ave. (wenige Min. Fußweg auf der E Warren Ave. nach Osten), Bus (Linie 8) bis Warren & Brush

⌄ *Beeindruckendes Gebäude, faszinierender Inhalt: das Charles H. Wright Museum*

024de-axs

23 Detroit Institute of Arts ★★★ [F1]

Das 1927 eröffnete DIA ist im Besitz von etwa 66.000 Malereien, Plastiken und anderen Artefakten aus allen Epochen und etlichen Teilen der Welt. Es hat enzyklopädischen Anspruch und gehört zu den prestigeträchtigsten und bedeutendsten Kunsttempeln in den USA.

Errichtet im Stil der **Beaux-Arts-Architektur**, sollte das **städtische Kunstmuseum** nicht nur Kunst beherbergen, sondern selbst zum Kunstwerk werden und das Prestige Detroits symbolisieren. Bereits vor der Eröffnung wurde zum Beispiel eine französische Kapelle aus dem 16. Jh. in das Gebäude integriert, seit 1932 schmücken Wandmalereien von **Diego Rivera** den zentralen Innenhof des Altbaus. Rivera und seine Frau **Frida Kahlo** verbrachten 1932/33 ein Jahr in Detroit, das sich für beide als künstlerisch wegweisend erweisen sollte. **Riveras Wandgemälde „Detroit Industry"** erzählt die Geschichte Detroits als Industriestadt aus der entbehrungsreichen Sicht der Arbeiterschaft. Die politische Aufladung des Werks sorgte von Beginn an für Missstimmung. Die dunklen, von Verfolgungswahn geprägten Jahre der McCarthy-Ära überlebte die von vielen als „kommunistisch" titulierte Malerei nur, weil sie ein angebrachten Schild explizit als „Kunst" auswies und man die politischen Ansichten des Künstlers als verachtungswürdig darstellte. Heute ist Riveras Beitrag selbstverständlich das stolze Aushängeschild des Museums.

Neben Rivera waren etwa auch der US-amerikanische Kunstschmied Samuel Yellin und der französisch-amerikanische Bildhauer Leon Hermant

025de-axs

an dem Bau des Gebäudes beteiligt. Zudem schmücken zahlreiche **Produkte der Pewabic Pottery** 37 das Museum. 1966 und 1971 wurde das Kunstmuseum durch zwei neue Flügel erweitert, die der lettisch-amerikanische Architekt Gunnar Birkerts entworfen hatte, ein Absolvent der Technischen Hochschule Stuttgart. Anfang der 2000er-Jahre kam im Zuge einer extensiven Renovierung noch einmal etwas Ausstellungsfläche hinzu, sodass heute über 60.000 m² zur Verfügung stehen. Das Haus und sein Bestand blieben also über die schwierigen Phasen Detroits seit den 1970er-Jahren nicht nur unangetastet, sie wurden sogar ständig erweitert. Detroit verlor allerdings im Zuge seiner Insolvenz 2014 das Eigentum über das Museum, das seither von einer gemeinnützigen **Stiftung** geführt wird.

Wasserspiele vor dem Detroit Institute of Arts

EXTRATIPP

Streetwear vom Feinsten: der Carhartt Flagship Store

Das global agierende **Bekleidungsunternehmen Carhartt** wurde 1892 in Dearborn 47 gegründet und ist noch heute in Familienbesitz. Seit 2015 ist der Flagship Store des Konzerns wieder in Detroit ansässig.

Bis heute ist Carhartt in den USA vor allem für seine hochwertige und langlebige **Arbeitskleidung** bekannt, während die Marke in Europa eher als **Qualitäts-Streetwear** vermarktet wird. Erste Zielgruppe nach Gründung des Unternehmens am Ende des 19. Jh. waren Eisenbahnarbeiter, heute wird Arbeitskleidung passend für jede Form von körperlicher Arbeit angeboten.

Die Kleidung wird in China, Indien und Mexiko gefertigt und in aller Welt verkauft, die Konzernzentrale befindet sich nach wie vor in Dearborn. Anders als andere Bekleidungsunternehmen in Detroit reitet Carhartt nicht auf der oft als Marketing-Aktion missbrauchten „Made in Detroit"-Welle.

Der Flagship Store hat das gesamte Sortiment des US-amerikanischen Marktes im Angebot.

5 [ch] **Carhartt Flagship Store,** 5800 Cass Ave., www.carhartt.com

› **Anfahrt:** QLine bis Ferry St. (Fußweg ca. 5 Min.), Bus (u. a. Linien 80, 89, 851) bis Cass & Palmer

Schwerpunkte der **Ausstellung** bilden eine Antikensammlung, europäische Malerei vom 15. bis ins 20. Jh. (kaum ein großer Name fehlt) sowie amerikanische Malerei und Plastik seit dem 18. Jh. Allerdings verschiebt sich der Fokus in letzter Zeit leicht: weg vom eurozentrischen Schwerpunkt hin zu asiatischer, afrikanischer und ozeanischer Kunst.

Im Haus befinden sich **Restaurants**, ein **Museumsshop**, ein Auditorium und eine **Bibliothek** mit angeschlossenem Archiv.

› 5200 Woodward Ave., www.dia.org, Di.-Do. 9-16, Fr. 9-22, Sa./So. 9-17 Uhr, Eintritt: Erw. $ 14, Senioren $ 9, Studenten $ 8, unter 18-Jährige $ 6, Kinder unter 5 Jahren frei

› **Anfahrt:** QLine bis Warren Ave., Bus (Linien 445, 450, 460, 465) bis Woodward & DIA

Automobilgeschichte zum Anfassen im historischen Gemäuer bietet die Ford Piquette Avenue Plant

New Center und Umgebung

New Center schließt sich nördlich an Midtown an und liegt etwa 5 km von Downtown entfernt. Das Geschäftszentrum um das Fisher Building 25 und den Cadillac Place 26 entwickelte sich in den 1920er-Jahren, als der Platz im Zentrum schlicht zu knapp wurde. In der Umgebung findet man etwas ältere Wohnbebauung, aber auch ehemalige Industriegelände. Nach der Schließung der alten Michigan Central Station 41 im Jahr 1988 befindet sich auch der Hauptbahnhof Detroits in New Center.

24 Ford Piquette Avenue Plant ★★★ [ch]

Henry Fords Produktionsstätten an der Piquette Avenue, in denen unter anderem das weltberühmte Model T das Licht der Welt erblickte, gehören sicher zu den entscheidenden Statio-

nen der Automobilgeschichte – und natürlich der Historie Detroits. Heute befinden sich dort großzügige Museumsräume in originalem Ambiente, die nicht nur Automobilliebhaber in ihren Bann ziehen.

Das 1904 erbaute Gebäude aus rotem Backstein mit 355 Fenstern war die **erste Produktionsstätte der Ford Motor Company** (s. Exkurs S. 69) und ist bestens erhalten. Die Innenräume sind weitgehend im Originalzustand: von den Holzsäulen und dem Fußboden aus Ahorn bis zu den Farbresten an den Wänden. Insgesamt acht Fahrzeugtypen wurden hier entwickelt und produziert, inklusive der ersten 12.000 Kraftwagen der Reihe **Model T**, die von hier mit der Eisenbahn abtransportiert wurden. Schon 1910 siedelte Ford in größere Produktionshallen in Highland Park um und veräußerte das Gebäude an den Automobilproduzenten Studebaker, der es noch bis 1933 als Produktionsstätte nutzte. Nach weiteren Besitzerwechseln wurde es ab dem Jahr 2000 in ein Museum umgewandelt.

Die **Museumsräume** in den oberen beiden Stockwerken beinhalten eine Reihe hier hergestellter Fahrzeugmodelle. Daneben erklären Infotafeln den damals höchst innovativen Herstellungsprozess und seine globale Wirkungsgeschichte, stellen aber auch zentrale Akteure der frühen Automobilgeschichte vor. Die sehr unterhaltsamen und informativen **Führungen** sind sehr zu empfehlen! Der **Museumsshop** bietet eine originelle Vielfalt an Mitbringseln aus Motown.

› 461 Piquette Ave., www.fordpiquetteavenueplant.org, Mi.–So. 10–16 Uhr, Eintritt: Erw. $ 12, Senioren $ 10, Studenten $ 5, Kinder unter 12 Jahren frei, Führungen 10, 12 und 14 Uhr

› **Anfahrt:** QLine bis Amsterdam St. (Fußweg ca. 5 Min.), Bus (Linie 42) bis Baubien & Piquette

25 Fisher Building ★★★ [ch]

Das zentrale Gebäude von New Center ist das weithin sichtbare Fisher Building. Von Albert Kahn (s. S. 44) entworfen und 1928 eröffnet, gehört es zu den spektakulärsten und besterhaltenen Beispielen des Art déco in Detroit.

026de-axs

027de-axs

Bekannt als **„Detroits größtes Kunstwerk“** und bereits zu seiner Entstehungszeit preisgekrönt, ist das Fisher Building ein weiteres Glanzstück der Blütezeit Detroits. Es gilt als eines der gelungensten Beispiele für **Art-déco-Architektur** in den USA und wie viele andere Perlen der Stadt überlebte es gerade wegen des jahrzehntelangen wirtschaftlichen Niedergangs ohne größere Eingriffe. Finanziert wurde es von den Gebrüdern Fisher, die mit dem Bau von Autokarosserien ein gigantisches Vermögen angehäuft hatten. Albert Kahn und seine Kollegen erhielten von ihnen einen Auftrag, der wohl der Traum eines jeden Architekten sein dürfte: Baut uns das schönste Gebäude der Welt, Geld spielt keine Rolle.

Der erste Eindruck nach Betreten des Gebäudes ist überwältigend: Man steht in **einer Art Kathedrale** aus Marmor, Mosaiken, Wandmalereien, Kupfer und Bronze. Die dargestellten Themen – Handel, Transport, Kunst und Landwirtschaft – sollen den Wohlstand und die zivilisatorische Macht Amerikas symbolisieren. Adler mit halb geöffneten Schwingen stehen für den Aufbruch zu neuen Horizonten, nichts scheint unmöglich, die sprichwörtlichen unbegrenzten Möglichkeiten sind hier vielschichtig und bis in den letzten Winkel aufgegriffen. Freilich wurde dieser Mythos nur ein Jahr nach Eröffnung des Gebäudes mit Ausbrechen der Weltwirtschaftskrise einem heftigen Realitätscheck unterzogen.

Das Gebäude ist fast ausschließlich aus **Granit** und 40 verschiedenen Sorten **Marmor** aus aller Welt gebaut. Der **Turm** ist 130 m hoch und besitzt 30 Stockwerke, die stufenweise zur (ehemals goldenen) Spitze zulaufen. Die Stockwerke sind über Aufzüge zu erreichen – zur Eröffnung waren es die ersten vollautomatischen und die schnellsten der Welt, ausgerüstet mit 640 bronzenen, wiederum mit allerlei Symbolik verzierten Aufzugtüren. 1800 Bronzefenster schmücken die **Fassade,** die mit über 30.000 m² Marmor verkleidet ist – bis heute mehr als jedes andere Geschäftsgebäude der Welt. Die dreistöckigen **Arkaden** im Inneren und die Ladenzeile auf Straßenebene beherbergten ursprünglich Dutzende Geschäfte, heute stehen die meisten leer. Das auf Schönheit und nicht auf Funktionalität ausgerichtete Design hatte Konsequenzen: Die großzügigen Korridore auf allen Ebenen und die kathedralenartige Halle im Erdgeschoss sorgten dafür, dass die nutzbare Bürofläche mit 43.000 m² kleiner ist, als man vermuten würde.

⌂ *Das Fisher Building (1928): außen wehrhaft, innen prunkvoll*

Man möchte es kaum glauben, aber das heutige Fisher Building war lediglich als einer vor zwei identischen, kleineren Seitentürmen für ein noch viel größeres und prunkvolleres **Zentralhochaus** geplant. Diese Pläne fielen allerdings der Weltwirtschaftskrise ab 1929 zum Opfer. Heute sind die zentralen Bereiche im **Erdgeschoss öffentlich zugänglich**, sie sind rund um die Uhr geöffnet. Broadway-Produktionen gibt es im **Fisher Theatre** (s. S. 88) zu erleben, ein **Tunnel** führt zudem unter dem Grand Boulevard hindurch in den Cadillac Place 26.

- 3011 W Grand Blvd.
- **Anfahrt:** QLine bis Grand Blvd. (Fußweg ca. 4 Min.), Bus bis Grand Blvd. & 2nd (u. a. Linien 16, 23, 42, 80, 89)

26 Cadillac Place ★★ [ch]

Das dem Fisher Building 25 gegenüberstehende, gigantische Verwaltungsgebäude, ebenfalls von Kahn (s. S. 44) entworfen, wurde 1922 eröffnet. Beide Bauwerke sind durch Tunnel unter dem West Grand Boulevard miteinander verbunden.

Der Bau beherbergte von seiner Eröffnung 1922 bis 1996 als **General Motors Building** die Konzernzentrale des gleichnamigen Unternehmens, bevor GM das RenCen 1 bezog. Nachdem die letzten Mitarbeiter 2001 das Gebäude verlassen hatten, wurde es einer umfangreichen Sanierung unterzogen. Heute arbeiten hier rund 2000 Angestellte des Staates Michigan. Den heutigen Namen trägt das Gebäude erst seit 2002, hundert Jahre nach Gründung der **Automobilmarke Cadillac**, die wiederum nach dem französischen Gründer Detroits, Antoine de la Mothe Cadillac, benannt ist. Die Firma Cadillac war 1902 nach internem Streit aus der Firma Ford hervorgegangen und wurde bereits 1909 von **General Motors** aufgekauft, das die Marke bis heute als Luxusvariante führt.

Mit einer enormen Nutzfläche von 130.000 m² war der Cadillac Place bei seiner Eröffnung das **zweitgrößte Bürogebäude der Welt.** Seine Ausmaße sind auch aus heutiger Sicht enorm: Gänge mit einer Gesamtlänge von 6 km verbinden 3500 Büros, die durch 5148 Fenster viel natürliches Licht erhalten. Die vier quer zum West Grand Boulevard in Nord-Süd-Richtung stehenden Riegel des Komplexes sind 15 Stockwerke hoch mit

Messing und Marmor: Hauptportal des Cadillac Place

einem zweistöckigen Abschluss aus korinthischen Säulen. Ziel dieser offenen Bauweise war es, möglichst alle Räume mit natürlichem Licht und frischer Luft zu versorgen, ein Leitmotiv Kahnschen Designs. Die Fassade ist in Kalkstein gefasst, der etwa 10 m hohe, verbindende Längsbau entlang der Straße ist als ionische Kolonnade mit Marmorsäulen gestaltet.

Die zentralen Bereiche des Gebäudes im **Erdgeschoss** sind **öffentlich zugänglich.** Die **neoklassizistischen Arkaden** im Inneren sind beeindruckend: Stuck, Wandmalereien und Marmor prägen das Bild. Der gesamte Komplex ist überwiegend original erhalten, lediglich die für die Mitarbeiter konzipierten Sporteinrichtungen existieren so nicht mehr: zwei Swimmingpools, Tennis- und Handballplätze und eine Bowlingbahn mit 19 Bahnen. Was heute als fortschrittliche Unternehmenspolitik gilt, gab es durchaus schon in den 1920er-Jahren.

› 3044 West Grand Blvd.
› **Anfahrt:** QLine bis Grand Blvd. (Fußweg ca. 4 Min.), Bus (u. a. Linien 16, 23, 42, 80, 89) bis Grand Blvd. & 2nd

27 Motown Museum – Hitsville USA ★★★ [bh]

Der Motown-Sound ist für viele Millionen Musikliebhaber weltweit eine akustische Ikone, Teil ihres Lebensgefühls, ihrer Erinnerungen und ihrer Identität. Nirgendwo kommt man diesem Sound so nah wie hier.

Albert Kahn, der „Architekt Detroits"

Albert Kahns Rolle für die städtebauliche Entwicklung und das architektonische Erbe Detroits ist kaum zu überschätzen. Nicht zu Unrecht trägt er den Spitznamen „Architekt Detroits".

Geboren 1869 im abgelegenen Hunsrück im damaligen Preußen, emigrierte Kahns Familie 1880 nach Detroit. Nach Praktika und einem einjährigen Studienaufenthalt in Europa gründete Kahn 1895 sein eigenes Architekturbüro Albert Kahn Associates. Erfolgreich war er zunächst mit der von ihm entwickelten, neuartigen Bauweise von Fabrikbauten: Wände und Decken aus Stahlbeton anstatt Holz machten größere Einheiten möglich und sorgten für einen stark verbesserten Brandschutz. Das erste Gebäude in dieser Bauweise war das nur als Ruine erhaltene Werk der Packard Motor Car Company am Grand Blvd. Es folgten unter anderem mehrere Produktionsstätten für Ford, darunter das noch heute betriebene Werk River Rouge in Dearborn 47*, damals die größte Fabrik der Welt mit sage und schreibe 120.000 Arbeitern. Neben Fabrikgebäuden in den USA und anderen Teilen Amerikas entwickelte Kahn in den 1920er-Jahren mehrere Produktionsstätten in der Sowjetunion, darunter ein Traktorenwerk im damaligen Stalingrad (heute Wolgograd). Außerdem unterhielt er ein Trainingszentrum für sowjetische Architekten in Moskau.*

In seiner Heimatstadt Detroit finden sich seine Spuren weit über industrielle Architektur hinaus: So hinterließ er auch Verwaltungs- und Bürogebäude, Universitätsbauten, Wolkenkratzer, Shoppingtempel und Villen. Kahn starb im Dezember 1942 im Alter von 73 Jahren.

029de-axs

Diana Ross, The Supremes, Smokey Robinson, Stevie Wonder, The Temptations, The Four Tops, The Isley Brothers, Marvin Gaye, Edwin Starr, The Jackson 5, Michael Jackson, Lionel Richie, Rare Earth ... was für Namen. Gegründet 1960 von **Berry Gordy Jr.** in Detroit, wurde das **Label** Motown zu einem der einflussreichsten der Musikgeschichte und sein Name zum bis heute gängigen Synonym für die Stadt. Zwischen 1961 und 1971 landete Motown Records 110 US-Top-10-Hits, mehr als jedes andere Label. Motown war aber nicht nur kommerziell erfolgreich – lange Zeit fungierte es als **kommerziell erfolgreichstes afroamerikanisches Unternehmen** in den USA –, sondern trug wesentlich dazu bei, ethnische Grenzen zu überwinden: Die Musik zog Menschen jeglicher Couleur und Herkunft in ihren Bann und ist in dieser verbindenden Funktion kaum zu überschätzen.

Das Haus am West Grand Boulevard beherbergte die Büros, ein **Tonstudio** (in dem fast alle Hits aufgenommen wurden) und Gordys Wohnung im ersten Stock. Seit 1985 befindet sich hier das Motown Museum in den originalen Räumlichkeiten. Zu bewundern sind das Tonstudio mit den originalen Aufnahmegeräten, Goldene Schallplatten, Tausende von Plakaten, Fotos und Bühnenoutfits nebst jeder Menge kurioser Dinge. Das Museum lässt sich nur im Rahmen einer halbstündig stattfindenden **geführten Tour** besichtigen, die sehr empfehlenswert ist, gekrönt von einer kleinen Einführung in den Motown-typischen Tanzstil im „Studio A“. Berry Gordys späteres Wohnhaus ist übrigens im Viertel Boston-Edison 30 zu bewundern.

› 2648 W Grand Blvd., www.motownmuseum.org, Mai–Sept. Di.–So. 10–18 (Sa. bis 20 Uhr), Sept.–April Di.–Sa. 10–18 Uhr, Tourdauer: 1 Std., Eintritt: Erw. $ 15, erm. $ 10

› **Anfahrt:** QLine bis Grand Blvd. (Fußweg ca. 10 Min. nach Westen), Bus (Linien 16, 42) bis W Grand Blvd. & Woodrow Wilson bzw. W Grand Blvd. & Kipling

Hitsville USA: Das legendäre Motown Studio, heute Museum

28 Submerge Records ★ [ch]

Detroit gilt vielen als Geburtsort des Techno. Da ist etwas dran, denn ohne Zweifel nimmt Motown auch hier eine weltweit zentrale Stellung ein – wie in der Musikwelt insgesamt. Ein Besuch von Submerge Records ist ein Muss für Liebhaber elektronischer Klänge.

Legendär ist die enge musikalisch-kulturelle und auch personelle Verbindung zwischen Detroit und Berlin zu Beginn der 1990er-Jahre, als der Techno die Ruinen und den scheinbar endlosen Raum der beiden Reststädte und von dort aus die ganze Welt eroberte. Das 1989 gegründete Detroiter Kollektiv **Underground Resistance (UR)** von Jeff Mills, Mike Banks und Robert Hood spielte dabei von Beginn an eine entscheidende Rolle. Submerge Records war der Distributor von UR und einer ganzen Reihe weiterer Technolabels in Detroit und es besteht bis heute. Die Räumlichkeiten von Submerge bieten heute ein kleines **Archiv** und **Museum** sowie natürlich einen **Schallplattenladen.** In der Ausstellung wird unter anderem deutlich, welch enormen Stellenwert die bundesdeutschen Elektronik- und Pop-Pioniere der 1970er-Jahre in Detroit genossen und nach wie vor genießen.

Es gibt keine festen Öffnungszeiten, ein **Besuch** ist **nur nach Voranmeldung** möglich. Während des **Movement Detroit Electronic Music Festival** (s. S. 95) herrscht hier wenig überraschend der größte Betrieb.

› 3000 E Grand Blvd., http://submerge.com bzw. Facebook: „Somewhere in Detroit", www.undergroundresistance.com, Anmeldung zum Besuch der Ausstellung per E-Mail an jcpremier@gmail.com

› **Anfahrt:** QLine bis Grand Blvd. (ca. 5 Min. Fußweg nach Osten)

29 The Schvitz ★ [cg]

Detroits altes jüdisches Dampfbad ist vor Kurzem neu auferstanden. Nach Jahrzehnten als Treffpunkt von Schwarzmarkthändlern und Swingerpärchen ist nun gesittetes Schwitzen angesagt.

Das Dampfbad wurde 1930 eröffnet und ist das einzige erhaltene dieser Art in Detroit. Bereits kurz nach der Eröffnung diente es als Treffpunkt der jüdischen **Purple Gang,** die während der Prohibition mit Alkohol handelte und in andere kriminelle Machenschaften verwickelt war. In den 1960er- und 1970er-Jahren wurde es mit illegalem Glücksspiel in Verbindung gebracht, seit den 80er-Jahren diente es während der Woche als Dampfbad für ältere Herren mit berüchtigtem Swingerklub am Wochenende. Diese Zeiten sind nun vorbei. Nach grundlegender Renovierung öffnete The Schvitz Ende 2017 runderneuert seine Pforten, wobei mit dem historischen Gebäude und der Einrichtung sehr behutsam umgegangen wurde. Heraus kam ein außerordentlich stilvolles **Dampfbad in einzigartigem historischen Ambiente** mit viel Backstein und alten Kacheln, Holzvertäfelung und Messingbeschlag sowie schweren, alten Eichenbalken an der Decke. Es bietet neben dem Dampfbad unter anderem einen Pool im Keller, einen vollkommen neuen **Außenbereich** und ein kleines **Café.** Moderne Spas haben natürlich technisch und platzmäßig sehr viel mehr zu bieten, keines davon allerdings diese einzigartige Atmosphäre. Wer einen Besuch plant, sollte sich vorher unbedingt nach der aktuell geltenden **Geschlechterordnung** erkundigen: Unter der Woche sind im Wechsel entweder nur Frauen oder nur Männer erlaubt, am Sonntag gemischt. An gemischten Tagen herrscht Nacktverbot.

› 8295 Oakland Ave., https://schvitzdetroit.com, Mo.–Do. 16–22, So. 8–22 Uhr, Eintritt: $ 30
› **Anfahrt:** Bus (Linie 42) bis Oakland & Mount Vernon

30 Boston-Edison ★★ [bg]

Nachdem das alte Villenviertel Brush Park 18 zu Beginn des 20. Jh. beim Geldadel Detroits langsam an Attraktivität verlor und schließlich das Auto das Pendeln aus weiter entfernten Gegenden möglich machte, wurde Boston-Edison neben dem Indian Village 36 im Osten zur bevorzugten Adresse.

Das Gebiet des heutigen Boston-Edison-Distrikts wurde um 1900 entwickelt, 1905 bezogen die ersten Bewohner ihre neuen Häuser. In den folgenden zwei Jahrzehnten folgte ein regelrechter Bauboom. Heute besteht das Viertel aus über 900 historischen Gebäuden und steht bereits seit 1973 unter **Denkmalschutz.** Darunter sind Stadtvillen enormen Ausmaßes, aber auch – im Unterschied zum Indian Village, das ausnahmslos aus exklusiven Stadtvillen besteht – moderatere Bauten der oberen Mittelklasse. Dominierende **Baustile** sind etwa englischer Landhausstil (Tudor Revival), Neorenaissance, Greek Revival, Colonial Revival und Prairie School. Als Baumaterialien dienten insbesondere Backstein, Holz und Stein. Trotz der Einzigartigkeit der Häuser und der vielen verschiedenen Baustile macht das Viertel einen harmonischen und zusammenhängenden Eindruck.

Zu den ursprünglichen **Bewohnern** gehörten neben **Henry Ford** (140 Edison Ave., s. S. 69) weitere Vertreter des steinreichen Autoadels der Stadt (wie etwa fünf der sieben Fisher-Brüder, Finanziers des Fisher Buildings 25), der populäre Gewerkschafter Walter P. Reuther (2292 Longfellow St.) und später Musikgrößen wie Aretha Franklin (649 E Boston Blvd.) oder Motown-Gründer Berry Gordy Jr. (genannt „Motown Mansion", 918 W Boston Blvd.).

› zwischen Boston Blvd. (Norden) und Edison St. (Süden), Linwood St. (Westen) und Woodward Ave. (Osten), zerschnitten von der Stadtautobahn M-10 (John C. Lodge Freeway)
› **Anfahrt:** Das weitläufige Viertel lässt sich am besten mit Fahrrad oder Auto erkunden. Wer gut zu Fuß ist, kann z. B. an der Bushaltestelle Woodward & Boston (Linien 4, 450, 460) aussteigen und von dort in Richtung Westen marschieren.

030de-axs

› *Prunkvolle Villa aus der Glanzzeit Detroits in Boston-Edison*

East Side

Östlich der Achse Downtown-Midtown-New Center erstreckt sich die East Side. Es handelt sich dabei um eine Sammelbezeichnung für eine Vielzahl verschiedener Stadtviertel, letztendlich für das gesamte Gebiet zwischen dem Innenstadtbereich und den östlichen Vororten wie Grosse Pointes (44). Darunter befinden sich auch ausgeprägte „urban prairies" (urbane Graslandschaften) anstelle ehemals dicht besiedelter Orte, für die Detroit in den letzten Jahrzehnten so bekannt geworden ist.

(31) Eastern Market ★★★ [I5]

Der Eastern Market umfasst neben wunderschönen historischen Markthallen ein weites Gelände mit Restaurants und Einzelhandel, aber auch Großhändlern, die weite Teile Michigans mit Lebensmitteln versorgen.

031de-axs

Dabei blickt der Markt auf eine lange Tradition zurück: Nach Jahrzehnten als Heu- und Holzmarkt entstand 1891 an dieser Stelle der zentrale **Wochenmarkt** der Stadt. Die heutigen Markthallen („*sheds*") stammen überwiegend aus den 1920er-Jahren. Dazu haben sich im weiteren Bereich in den letzten Jahren zahlreiche **Galerien** sowie Kunst- und Antiquitätenhändler angesiedelt. Zudem schmücken zahlreiche **Wandgemälde („murals"**) das Viertel, deren Zahl ständig zunimmt. Mittlerweile stellt **Street-Art** das öffentlich beworbene Aushängeschild des Viertels dar.

Etwa 45.000 Besucher kommen jeden Samstag zu den etwa 300 Händlern und rund 100 Geschäften auf dem Eastern Market. Auch wenn Lokale und Geschäfte überwiegend von Di. bis Sa. geöffnet haben und im Sommer auch an anderen Tagen Wochenmärkte abgehalten werden, ist der **Samstagsmarkt** der weitaus spektakulärste.

Die **fünf Markthallen** erstrecken sich über **fünf Blocks**, dazwischen und in der direkten Umgebung beherbergen historische Gebäude aus rotem Backstein **Geschäfte und Restaurants.** Im Angebot ist viel Regionales aus Michigan, Ohio und Ontario: Gemüse, Obst, Fleisch, Fisch, Milchprodukte, Backwaren, Blumen, aber auch Importiertes aus dem Mittelmeerraum, frisch gerösteter Kaffee und kleine Snacks. Viele der Restaurants um den Markt und in den Seitenstraßen bestehen seit Jahr-

[>] Wandgemälde am Eastern Market

[<] Der frühe Vogel fängt den Wurm: So leer geht es in den Markthallen nur sehr früh am Morgen zu

032de-axs

zehnten. Vor allem im Sommer wird der gesamte Marktbereich außerdem zur **Bühne** für Straßenmusik, Theater und gemeinschaftliches Yoga.

- 2934 Russell St., www.easternmarket.org, ganzjährig Sa. 6–16 Uhr; Juni–Sept. auch So. 10–16, Di. 9–15 Uhr und Abendmarkt Do. 17–22 Uhr
- **Anfahrt:** Bus (Linie 40) bis Russel & Division bzw. Russel & Alfred (Halt direkt vor den Markthallen)
- **Infos zu Veranstaltungen und Führungen:** www.muralsinthemarket.com

32 Lafayette Park ★★★ [I7]

Der Besuch von Lafayette Park ist ein Muss für alle, die an Architektur und Stadtplanung interessiert sind. Hier wird man Zeuge eines bedeutenden Stadterneuerungsprojekts, das die Tradition des Dessauer Bauhauses in gewisser Weise fortsetzte.

Federführend in der initialen Phase waren die ehemaligen **Bauhaus-Lehrer Ludwig Hilberseimer** (1885–1967) und **Ludwig Mies van der Rohe** (1886–1969), die Deutschland rund zwei Jahrzehnte zuvor aufgrund der Repressionen durch das Nazi-Regime verlassen mussten: Das Bauhaus war bei den Nationalsozialisten verhasst, galt als „undeutsch“ und wurde unmittelbar nach der „Machtergreifung“ liquidiert.

Lafayette Park befindet sich an der Stelle des ehemals dicht besiedelten Stadtteils **Black Bottom**, einem bis in die Mitte des 20. Jh. fast ausschließlich afroamerikanisch geprägten Teil Detroits. Die gängige rassistische Praxis, vornehmlich „schwarze“ Stadtteile etwa für den Autobahnbau und Stadterneuerungsprojekte auszuwählen (s. Exkurs „Die zerschnittene Stadt“ S. 50), war auch hier eine Triebfeder für den großflächigen Abriss. Allerdings spielten auch andere Faktoren eine Rolle: akuter Mangel an Baugrund in Detroit (heute kaum vorstellbar), die günstige Lage direkt neben Downtown und das Engagement der damals sehr starken Gewerkschaften, moderne Stadtplanung mit gemischten Wohnmöglichkeiten für alle Einkommensschichten und Ethnien in der Stadt zu betreiben.

Zwar konnte auch dieses Projekt die Stadtflucht in Detroit nicht aufhalten, trotzdem gilt es heute als eines der gelungensten Stadterneuerungsprojekte der USA und steht unter strengem Ensembleschutz. Beim Betreten der **parkartigen Stadtlandschaft** wird das Planungsideal des sogenannten *superblocks* sofort greifbar, das auf die Öffnung der dichten Blockbebauung zielte und sich des dichten, schachbrettartigen Straßenmusters entledigte. Öffentlicher und offen angelegter, parkartiger Raum, durchzogen von Fußwegen, nimmt eine zentrale Stellung ein. Der Autoverkehr ist an den Rand verbannt, die Wohnbereiche sollen gut erreichbar,

Die zerschnittene Stadt

Die Phase der Stadterneuerung in der Mitte des 20. Jh. hat in Detroit tiefe Spuren hinterlassen. Während, wie etwa im Fall von Lafayette Park 32, alte Wohnbebauung neuer weichen musste, führte die Automobilisierung in Motown zu noch weitreichenderen Veränderungen. Der Bau mehrerer Autobahnen durch das Stadtgebiet veränderte die Stadtstruktur grundlegend, löschte gewachsene Viertel aus, teilte andere auf und ließ vollkommen neue entstehen. Die Innenstädte verödeten und breite Bevölkerungsschichten begannen, mit dem Auto aus der grünen Vorstadt zum Arbeitsplatz im Zentrum zu pendeln. Auch entlang lärmender Bahntrassen entvölkerten sich ganze Viertel, die einst dicht besiedelt waren.

Die ersten konkreten Pläne zum Bau mehrspuriger „freeways" (Autobahnen) durch das Stadtgebiet Detroits wurden 1945 erstellt. Am Ende der 1970er-Jahre waren alle heutigen Stadtautobahnen (I-75, I-94, I-96, M-10) für den Verkehr freigegeben. Die Folgen waren enorm. Nach dem Bau komplett verschwunden waren Stadtteile wie Black Bottom oder Paradise Valley, beide bis in die späten 1950er-Jahre Zentrum der afroamerikanischen Bevölkerung Detroits. Sie fielen zum Teil Lafayette Park, insbesondere aber der I-75 und der I-375 zum Opfer. Es besteht kein Zweifel, dass die Bestimmung ausgerechnet dieser Viertel für den Abriss nicht zuletzt rassistisch motiviert war.

Andere Stadtteile wurden bis zur Unkenntlichkeit verstümmelt. Dazu gehört Corktown 40, dessen Reste, weniger als 10 % der Originalsubstanz, heute ein Revival als hippe Zentren des wiederauferstehenden Detroits feiern. Der größte Teil Corktowns, einst ein Arbeiterviertel, fiel dem Autobahnbau zum Opfer. Zunächst wurde der Stadtteil durch die M-10 von der Innenstadt abgeschnitten. Der Bau der I-75 in Ost-West-Richtung brach eine Riesenschneise mitten hindurch. Der nördliche Teil ist nun weitgehend verödet und wenn heute von Corktown gesprochen wird, ist der kleine Rest südlich der I-75 gemeint. Hier sind wenige Straßenzüge mit einer Bebauung erhalten, die aus dem präautomobilen Zeitalter stammt.

Der Bau der „freeways" mitten durch Detroit hat die Stadt vollkommen neu aufgeteilt. Downtown und Midtown sind heute klar durch diese Verkehrsschneisen definiert. Das alte Radialsystem und das Schachbrettmuster des Detroits von Mitte des 20. Jh. sind zwar noch sichtbar, aber für den Verkehr in der Stadt nur noch in Teilen bestimmend.

Seit wenigen Jahren mehren sich die Stimmen, die dafür plädieren, die Eingriffe zumindest abzuschwächen, etwa durch Lärmschutzmaßnahmen, oder teilweise sogar rückgängig zu machen. So ist beispielsweise die Rede davon, die I-375, die Lafayette Park und den Osten der Stadt von Downtown abtrennt, komplett zurückzubauen.

Eine Luftaufnahme der Stadt mit Slider macht den Wandel in Detroit deutlich, abrufbar hier:

› *http://iqc.ou.edu/2014/12/12/60yrsmidwest (unter „Detroit, 1951 to 2010")*

der Verkehr aber nicht dominant sein. Die privaten Bereiche der Grünflächen sind nicht durch Zäune, sondern durch Vegetation definiert. Pflanzen begrenzen etwa auch Spielplätze als geschützte Räume für Kinder.

Mies van der Rohes Pavilion Apartments, Court- und Townhouses sowie die beiden Lafayette Towers wurden zwischen 1956 und 1963 im **Internationalen Stil** realisiert. Es handelt sich um die weltweit größte Ansammlung von Gebäuden des Architekten an einem Ort. **The Pavilion** beinhaltet knapp 300 Ein- bis Zwei-Zimmer-Apartments auf über 20 Stockwerken. Die Fassade besteht van-der-Rohe-typisch aus Glas und Aluminium, die doppelstöckigen Kolonnaden im Erdgeschoss verleihen dem Gebäude den charakteristischen Schwebe-Effekt. Das **Erdgeschoss,** das eine Reihe von Geschäften beherbergt, ist **öffentlich zugänglich.**

Südlich an The Pavilion angrenzend stehen 21 ein bis zweigeschossige **Court- und Townhouse-Komplexe,** fertiggestellt 1959, mit insgesamt über 180 Wohneinheiten. Sie sind über Fußwege untereinander und mit der Parklandschaft verbunden. Lediglich zwei kleine Sackgassen erlauben Automobilen die Zufahrt und sie sind etwas tiefer gelegt als die Umgebung, um den Fahrzeugen auch ihre visuelle Dominanz zu nehmen. Auch die Townhouses zeichnen sich durch großzügige Aluminium-Glas-Fassaden aus, mit Glasfronten vom Boden bis zur Decke. Einige Einheiten haben sogar noch die Originaleinrichtung vorzuweisen, sind allerdings bewohnt und nicht öffentlich zugänglich.

Der Gang durch den zentralen, öffentlichen Raum des sogenannten **Lafayette Plaisance** führt auf die Ostseite und zu den weithin sichtbaren **Lafayette Towers** (1963). Die Zwillingstürme haben wie The Pavilion mehr als 20 Stockwerke und weisen auch sonst ähnliche Gestaltungselemente auf: die Fassade aus Glas und Aluminium, Glasfronten vom Boden zur Decke und ein zwei Stockwerke hohes Erdgeschoss mit überdachten Kolonnaden davor. Die Foyers sind überwiegend in originalem Gestaltungszustand, es findet sich viel Marmor und, auch im Interior, Aluminium.

› zwischen Gratiot Ave. (Norden) und E Lafayette St. (Süden), Rivard St. (Westen) und Dequindre Cut Greenway (Osten)

› **Anfahrt:** Bus (Linien 5, 52, 80) bis Lafayette & Rivard. Buslinie 52 umfährt Lafayette Park, d. h. man kann von jeder Haltestelle aus eintauchen.

33 Riverfront ★★ [I9]

Das Ufer des Detroit River war lange Zeit der schmuddelige Hinterhof der Stadt. Vernagelte Lager- und Fabrikhallen, große Parkplätze, rostige Zäune und bröckelnde Kaimauern prägten das Bild. Das hat sich in jüngster Zeit massiv geändert. Heute öffnet sich Detroit wieder zum Wasser hin und die Lagen am Fluss gelten als Sahnestücke für Investoren und Stadtentwickler.

Den Anfang machte die Erschließung des Flussufers durch den **Riverwalk** [C–I9] als verbindendes Element der Riverfront ab 2007. Der **kombinierte Fuß- und Radweg** soll einmal von der Ambassador Bridge [bj] bis zur Brücke nach Belle Isle 38 führen, weite Teile der innenstadtnahen Bereiche der hier beschriebenen East Riverfront sind mittlerweile fertiggestellt.

Zentrale Orte in Downtown sind der GM Plaza und der Hart Plaza 3. In

033de-as©John McGraw Photog - stock.adobe.com

EXTRATIPP

Detroit mit dem Kajak erkunden

Sportliche Reisende haben die Möglichkeit, sich Detroit auf dem Wasser zu nähern. Schließlich liegt die Stadt am **Detroit River,** der sich in den östlichen Vororten zum Lake St. Clair weitet und im Süden in den Lake Erie abfließt. Zum Stadtgebiet Detroits gehört die parkartige Flussinsel **Belle Isle** 38 und das nahe, festlandseitige Viertel **Jefferson-Chalmers,** das von historischen Kanälen durchzogen ist. Beides sind Zentren für geführte Kajaktouren.

Populäre **Optionen** sind beispielsweise eine Tour rund um Belle Isle inkl. Abstecher in die große Lagune an dessen östlicher Spitze, eine Tour durch die Hafenbecken und verwunschenen, kleinen Kanäle von Jefferson-Chalmers oder eine Tour auf dem Detroit River, vorbei an Downtown und unter der Ambassador Bridge hindurch bis in den Südwesten der Stadt. Informationen zu Touren, (variablen) Treffpunkten, Zeiten etc. bei diesen beiden Anbietern (beide s. S. 126):

› **Detroit River Sports**
› **Riverside Kayak Connection**

Vorzeigeprojekt Uferpromenade: der Riverwalk mit dem RenCen 1

Richtung Osten führt der Riverwalk mittlerweile nahe an Belle Isle heran. Dabei passiert man unter anderem den **William G. Milliken State Park and Harbor** mit hübschem Leuchtturm, kleinem Hafen und dem lohnenswerten **Outdoor Adventure Center** (s. S. 73). Vor allem aber zweigt hier in Richtung Norden der 2009 eröffnete **Dequindre Cut Greenway** [I6–I8] ab, ein grüner **Radweg,** der an Lafayette Park 32 vorbei bis zum Eastern Market 31 führt. Integriert ist der **Art Walk,** eine Street-Art-Galerie auf gesamter Länge des Radwegs. In Richtung Norden gibt es Erweiterungspläne für den Greenway.

Weiter am Fluss entlang gen Osten erreicht man den **Aretha Franklin Park** [J9] mit einem 6000 Plätze umfassenden **Amphitheater** (s. S. 88). Hier ist der Riverwalk kurz unterbrochen: Man wird auf die parallel verlaufende **Atwater St.** geleitet, um dann über die Joseph Campau St. wieder direkt an den Fluss zu wechseln. Dabei streift man das Zentrum des **Rivertown-Warehouse District,** eine Ausgehmeile am Wasser.

Das Ende des Riverwalk befindet sich momentan auf Höhe des **Mt. Elliott Park** (s. S. 121). Von dort müssen die letzten paar Hundert Meter bis zur Brücke nach Belle Isle bisher noch auf der stark befahrenen **E Jefferson Ave.** zurückgelegt werden – der flussnahe Weg ist hier noch nicht fertig. Allerdings verfügt auch die Avenue seit Kurzem über einen breiten, markierten Fahrradstreifen. Man erreicht die E Jefferson Ave. über die Wright und die Mt. Elliott St. und biegt nach rechts in die Avenue ein.

› www.detroitriverfront.org

34 Elmwood Cemetery ★★ [di]

Der 1846 gegründete Elmwood Cemetery ist ein wunderschön angelegter, parkartiger Friedhof mit eindrucksvollen Gräbern und Mausoleen unter altem Baumbestand.

Viele **bekannte Personen** aus der Geschichte Detroits und Michigans fanden hier ihre letzte Ruhe, für den europäischen Besucher ist dieser Ort aber weniger wegen der berühmten Namen als vielmehr aufgrund des Gesamteindrucks einen Besuch wert. Der Friedhof kann teilweise mit dem Auto befahren werden, sehr viel schöner ist allerdings die Erkundung per Leihfahrrad (s. S. 122) oder im Rahmen eines ausgedehnten Spaziergangs.

Die wunderschön verwunschene Anlage wurde 1890 von dem berühmten US-amerikanischen Landschaftsarchitekten **Frederick Law Olmsted** gestaltet. Die Hügellandschaft wird von einem Bach durchzogen, der seit einem Massaker an Native Americans durch die Briten im Jahr 1763 an dieser Stelle den bezeichnenden Namen **Bloody Run** trägt. Neben den Eingangsgebäuden und einer Kapelle sind viele der prunkvollen Grabmale beeindruckend, insbesondere im westlichen Bereich entlang des Baches (Bereich A, siehe Beschilderung und kostenlose Faltpläne vor Ort): von Helden des Bürgerkriegs bis hin zu Gouverneuren, Abolitionistinnen oder Unternehmerfamilien.

Es werden **geführte Touren** angeboten (Termine s. Website). Auf der Internetpräsenz stehen ferner PDFs und Audios für selbstgeführte Touren zum Download bereit. Zudem binden viele Anbieter von **Stadtführungen** (s. S. 124) den Elmwood Cemetery in ihr Programm ein.

› 1200 Elmwood St., https://elmwoodhistoriccemetery.org (Touren unter „Events/News/Tours", Mai–Sept. tägl. 7–19 Uhr, Sept.–April tägl. 8.30–16 Uhr

› **Anfahrt:** Bus (Linien 5, 80) bis Lafayette & Rob Bradby bzw. Lafayette & McDougall

35 The Heidelberg Project ★★ [di]

Das Gebiet um die **Heidelberg Street**, früher vor allem von **deutschen Einwanderern** bewohnt, befand sich lange in einem Zustand der Verwahrlosung und war gekennzeichnet von Armut und Kriminalität. Ein ehemaliger Bewohner begann schließlich Mitte der 1980er-Jahre, gemeinsam mit Familie und Nachbarskindern, seine alte Straße aufzuräumen und mit Fundobjekten und Farben zu gestalten. Ein kontroverses Projekt, das als politischer Protest begann und später zu einem Kunstprojekt (gemacht) wurde.

The Heidelberg Project ist heute, wo **Street-Art** längst im bürgerlichen Kunstbetrieb etabliert ist, ein fester Bestandteil des Detroiter Kunstkanons und hat sich inzwischen in andere Stadtteile ausgebreitet. In seinen Anfangszeiten hätte es kaum weiter entfernt davon sein können. Die **Gestaltungsaktionen** sollten auf den Niedergang des Viertels aufmerksam machen, niemand hatte die Absicht, ein Kunstprojekt zu starten. Viele Objekte sind zwischenzeitlich wieder verloren gegangen, lange Jahre stritt man sich nach dem Motto: Ist das Kunst oder kann das weg?

Heute ist The Heidelberg Project eine gemeinnützige Gesellschaft mit Kunstschule und ein Besuchermagnet. Die bizarren, beeindruckenden **Installationen aus Weggeworfenem** auf Ruinen im eigentlichen Zentrum des Projekts, der Heidelberg Street, lohnen unbedingt einen Besuch, sei es als Abstecher mit dem Auto oder per pedales. The Heidelberg Project ist z. B. Bestandteil der **geführten Fahrradtour** zum Thema „Public Art" von Wheelhouse Detroit (s. S. 123).

Wer tiefer eintauchen will, sollte sich die gleichnamige **App** (s. S. 117) herunterladen.

› 3600 Heidelberg St. (zwischen Mt. Elliott St. and Ellery St.), www.heidelberg.org
› **Anfahrt:** Bus (Linie 12) bis Mount Elliott & Benson bzw. Mount Elliott & Elba Pl.

36 Indian Village ★★ [ei]

Das Indian Village wurde nicht etwa von Indianern gebaut, sondern liegt dort, wo sich früher eine Pferderennbahn befand. Zwei zentrale Wohnstraßen des Quartiers tragen die Namen zweier nach Native Americans benannten Rennpferde: Seminole und Iroquois – daher hat das Viertel seinen Namen. Heute ist es eine der beeindruckendsten historischen Villengegenden Detroits.

Etwa **350 Stadtvillen** oft enormen Ausmaßes inklusive der Nebengebäude *(carriage houses)* und **parkartigen Gärten** entstanden hier zwischen 1890 und 1929 für die damalige High Society Detroits. Viele neue Bewohner zogen von dem aus der Mode gekommenen Brush Park 18 hierher und im Gegensatz zum zeitgleich hippen Boston-Edison 30, in dem auch die gehobene Mittelschicht baute, blieb das Indian Village ausschließlich Baugrund der Superreichen – wobei „superreich" natürlich relativ ist: Mit den Vanderbilts und Rockefellers der Ostküste konnten in Detroit allein die Fords mithalten, die sich auch prompt mehrere palastartige Herrenhäuser mit landkreisgroßen Grundstücken in die Umgebung Detroits setzten. Wie dem auch sei, die Stadtvillen des Indian Village, allemal beeindruckend und viele davon entworfen von Albert Kahn (s. S. 44), können von den **baumbestandenen Alleen** aus bestaunt werden.

Wer das Glück hat, am ersten Samstag in Juni in Detroit zu weilen, kann viele der Villen im Rahmen der jährlichen **Home and Garden Tour** (Infos s. Website unter „Tour Info") auch von innen besichtigen und den Stuck, handgeschnitztes Holzwerk, Kacheln der Pewabic Pottery 37 oder offene Kamine aus Onyx bewundern. Nur die Zimmer für die Bediensteten sind einfacher gehalten, versteht sich. Die **Baustile** umfassen Colonial Revival, Tudor Revival, Neuromantik und Arts and Crafts. Die Gebäude wurden unabhängig von den Stilen entsprechend den damals modernsten technischen Standards errichtet, einige besitzen sogar Aufzüge. Das gesamte Viertel überstand das weitgehende Verschwinden der umliegenden Stadtteile wie in einer Zeitkapsel; gerade wegen der Jahrzehnte fehlender Investitionen und Modernisierungen überlebte das Ensemble im **Originalzustand.** Das von Kahn entworfe-

ne Schulgebäude des Viertels (2555 Burns St.) beherbergt heute die Detroit Waldorf School.

› Seminole/Iroquois/Burns St. zwischen Mack Ave. im Norden und E Jefferson Ave. im Süden, www.historicindianvillage.org
› **Anfahrt:** Das weitläufige Viertel lässt sich am besten per Fahrrad oder Auto erschließen. Alternativ Bus (Linien 67, 80) bis Kercheval & Seminole oder Kercheval & Iroquois, aus Süden Bus (Linien 9, 610, 620) bis Jefferson & Iroquois.

37 Pewabic Pottery ★★ [ei]

Gegründet 1903 von Mary Chase Perry und ihrem Partner Horace James Caulkins und seit 1907 am heutigen Ort, wurde die am Rande des Indian Village 36 gelegene Töpferei aufgrund eines neuen Herstellungsverfahrens und der Schönheit der Produkte schnell über die Stadtgrenzen hinaus berühmt. Heute sind Gebäude und Töpferei als nationales Denkmal geschützt.

Der **Name** der Töpferei geht auf eine Kupfermine in Perrys Heimatstadt Hancock auf der Oberen Halbinsel zurück, der wiederum auf einem indianischen Begriff beruhen soll. Besonders die **glasierten und gefärbten Kacheln** der Töpferei wurden zu landesweit begehrten Stücken, sie schmücken nicht nur zahlreiche Gebäude Detroits von Stadtvillen bis zu Hochhäusern, sondern etwa auch das Shedd Aquarium in Chicago oder das Nebraska State Capitol in Lincoln. Die Töpferei wird heute von einer gemeinnützigen Gesellschaft in Kooperationen mit Kunsthochschulen betrieben. Das Gebäude hat teilweise **musealen Charakter** und bietet allerhand historische Information, eine **offen zugängliche Werkstatt** mit Brennofen und einen großen **Museumsladen**, in dem die charakteristisch gestalteten und vor Ort produzierten Produkte erworben werden können.

› 10125 E Jefferson Ave., www.pewabic.org, Mo.–Sa. 10–18, So. 12–16 Uhr
› **Anfahrt:** Bus (Linien 9, 80, 610, 620) bis Jefferson & Cadillac

Historische Werkstatt, Museum, Shop: die Pewabic Pottery von 1907

036de-axs

38 Belle Isle ★★★ [ej]

Belle Isle, eine 397 ha große Insel im Detroit River, bietet eine wunderbare Sicht auf die Downtowns von Detroit und Windsor, eine Reihe faszinierender historischer Bauwerke aus der Glanzzeit Detroits in den 1920ern, großzügige, alte Parklandschaften, einen Stadtstrand, Spiel- und Sportplätze sowie Museen. Am schönsten ist eine Erkundung mit dem Fahrrad (Infos zur Ausleihe: s. S. 122), aber auch eine Fahrt mit dem Auto über die breiten Avenues ist ein Erlebnis.

Von den französischen Siedlern aufgrund der dort freilaufenden Nutztiere noch *Île aux Cochons* (Schweineinsel) genannt, entwickelte sich die Insel ab Mitte des 19. Jh., zu Beginn unter der Federführung **Frederick Law Olmsteds**, zu einer weitläufigen Parklandschaft und einem beliebten Naherholungsgebiet Detroits. Die Geschichte dieser Verwandlung und auch die Historie der Stadt lassen sich bei einem Besuch auf faszinierende Weise nachvollziehen. Lange Jahre verwahrlost, steht die gesamte Insel seit 2013 als State Park unter der Verwaltung des Staates Michigan. Seither fließen Millioneninvestitionen. 2017 wurde der weltbekannte niederländische Landschaftsarchitekt **Piet Oudolf**, der unter anderem in New York und Chicago preisgekrönte Spuren hinterlassen hat, mit der Neugestaltung des Parks beauftragt. Das mehrjährige Projekt wurde 2018 begonnen.

Die **Orientierung** fällt relativ leicht: Eine dreispurige Einbahnstraße umrundet Belle Isle, von der mehrere Straßen ins Inselinnere und zur zentralen Central Ave. abgehen. Nach dem Passieren der 1923 eröffneten **MacArthur Bridge** auf die Insel biegt die Rundstraße nach rechts ab und führt zunächst zu dem am südwestlichen Ende gelegenen **Sunset Point** mit herrlichem Ausblick über den Fluss, die Ambassador Bridge und die Innenstädte Detroits und Windsors. Von dort geht es in Richtung Osten am Südufer entlang, wobei man ein großes Wasserbecken und die prunkvolle **James Scott Memorial Fountain** umfährt, einen ausladenden Marmorbrunnen von 1925.

⌃ *Und wieder Albert Kahn (s. S. 44): die Glas-Stahl-Konstruktion des Belle Isle Conservatory*

Das **Dossin Great Lakes Museum**, ein kleines, 1961 eröffnetes Marinemuseum, bietet Wissenswertes zu den Großen Seen und ihrer Schifffahrtsgeschichte. Teile des Museums sind eine fest eingebaute Kapitänsbrücke mit Blick über den Detroit River und der prunkvoll vertäfelte Raucherraum eines alten Dampfschiffes. Den Kern bildet das Schicksal der SS Edmund Fitzgerald, die während eines Sturms im November 1975 samt Crew und Ladung im Lake Superior versank.

Unweit des Marinemuseums befinden sich das **Belle Isle Conservatory**, ein Gewächshaus mit botanischem Garten, und das **Belle Isle Aquarium.** Beide Gebäude wurden von Albert Kahn (s. S. 44) entworfen und 1904 eröffnet. Sowohl das Gewächshaus als auch das Aquarium sind die ältesten betriebenen Einrichtungen ihrer Art in den USA. Das Gewächshaus wurde in den 1950er-Jahren umgebaut, wobei das originale Holz- durch ein Stahlskelett ersetzt wurde. Die zentrale Kuppel beherbergt einen Palmengarten, außerdem gibt es einen tropischen Garten, ein Kaktushaus, einen Farngarten und großzügige Außenanlagen mit winterfesten Pflanzen. Das Aquarium war bei Eröffnung eines der größten der Welt, dem heutigen Besucher kommt es hingegen recht übersichtlich vor. Einen Besuch wert ist es allemal, nicht nur dank der einzigartigen Atmosphäre in der gekachelten Galerie im Inneren, sondern auch wegen des kleinen, aber feinen Bestandes.

Vor allem lädt Belle Isle zu ausgedehnten **Entdeckungstouren** ein: zu Fuß, mit dem Fahrrad oder motorisiert. Auch **Kanus** und **Kajaks** werden an den Seen und Kanälen auf der Insel vermietet.

Entlang der Rundstraße kann man die Aussicht auf Stadt und Fluss genießen und interessante Bauten entdecken, vom historischen Pavillon bis zum Toilettenhäuschen. Nahe dem Eingang zu einem halb verfallenen früheren Kinderzoo an der Central Ave. stehen steingewordene Zeugen der Identitätskonstruktionen und Abgrenzungsbemühungen europäischer Einwanderergruppen: Die **Denkmäler Dantes und Schillers**, gespendet im frühen 20. Jh. von Bürgern italienischer bzw. deutscher Abstammung, blicken streng aneinander vorbei.

Zentral auf der Insel liegen die **Sportplätze**, von Tennisplätzen über Baseball- bis zu Fußballfeldern. Die Ostseite des Parks präsentiert sich wesentlich wilder und bietet zahlreiche *Trails* (Wanderwege) für Spazier-

037de-axs

Der Nancy Brown Peace Carillon, das Glockenspiel auf Belle Isle

EXTRATIPP

Eine Fahrt auf dem Grand Boulevard

Der zwischen 1891 und 1913 angelegte Grand Blvd. umschreibt Detroit in einem etwa 18 km langen Halbkreis. Er beginnt und endet am **Detroit River,** im Osten an der **MacArthur Bridge** [ej], die zur Belle Isle 38 führt, und im Westen an der **Ambassador Bridge** [bj]. So lässt sich ein Mini-Road-Trip auf dem Boulevard hervorragend mit dem Besuch einiger der interessantesten Orte verbinden. Gleichzeitig gibt die Fahrt Einblick in Detroits Stadtlandschaften abseits bekannter Sehenswürdigkeiten. Sie lässt sich entweder mit dem **Fahrrad** (s. S. 122) oder mit dem **Mietwagen** (s. S. 111) unternehmen.

Startpunkt ist Belle Isle. Der breite Boulevard führt nach Norden durch Reihen ehemals herrschaftlicher, heute weitgehend verfallener **Backsteinvillen** und entlang weiter *urban prairies.* Nach Überqueren der **Gratiot Ave.** verschwindet der Grünstreifen in der Mitte, kurz darauf geht es im 90 °-Winkel nach links. Nach der Kurve fährt man durch die berühmten **Ruinen der Packard Plant.** Die von Albert Kahn (s. S. 44) gebaute Fabrik steht seit Jahrzehnten leer. In mehreren 90 °-Kurven geht es dann um das riesige **Produktionsareal von General Motors** herum und weiter nach Westen ins **New Center,** vorbei an Submerge Records 28, Fisher Building 25, Cadillac Place 26 und Motown Museum 27. Danach wendet sich der Boulevard nach Süden zum Fluss. In Mexicantown 42 wird die Bebauung dichter, bevor man die **I-75** und die **West Fort St.** quert. Nach ein paar alten Gleisen erreicht man den kürzlich angelegten **Riverside Park** am Detroit River. Links abbiegend, fährt man direkt auf die imposante Ambassador Bridge zu. Am Ufer befindet sich das **wohl außergewöhnlichste Postamt der USA** schwimmend im Wasser: Ein Motorboot verteilt die Post an vorbeifahrende Schiffe. Die Sendungen werden während der Fahrt auf das Boot abgeseilt oder von dort an Bord gehievt. Adresse: „[Schiffsname], Marine Post Office, Detroit, Michigan, 48222“.

Das schwimmende Postamt kann selbstverständlich auch **Ausgangspunkt** der Rundfahrt sein, falls man die Fahrt lieber andersherum unternimmt.

Der Grand Boulevard durchquert die großflächigen Ruinen der früheren Packard Plant

038de-axs

gänger und Radler sowie das vor allem für Kinder interessante **Belle Isle Nature Center**, einer Zweigstelle des Detroit Zoo 46, in dem man heimische Tier- und Pflanzenarten bestaunen kann.

Im Nordosten befindet sich der exklusive (nicht öffentlich zugängliche) Jachtklub Detroits und daran anschließend der **Belle Isle Beach:** Hier kann man sich im Sommer im wunderbar sauberen Wasser abkühlen. Das Badehaus und die gesamte Beachfront werden **ab 2019 neugestaltet**, ein Plätzchen zum Schwimmen wird man aber hoffentlich auch in der Umbauphase finden. Vom Belle Isle Beach ist es nicht mehr weit zurück zur Brücke aufs Festland. Dabei passiert man noch das **erste Polizeifunkgebäude der Welt**, ein kleines Haus aus Naturstein, das rechter Hand der Einbahnstraße bei der Einmündung der Inselruhe Avenue steht.

› **Anfahrt und Eintritt:** Für eine Erkundung bieten sich Fahrrad oder Auto an, die Insel ist zu Fuß kaum zu erschließen. Die einzige Bushaltestelle Inselruhe & Loiter Way (Linie 12) befindet sich direkt beim Belle Isle Conservatory und Aquarium. Motorisierte Fahrzeuge brauchen einen *Recreation Pass*, der nach Querung der Brücke vorgezeigt werden muss. Er kostet $ 9 pro Tag für nicht in Michigan registrierte Fahrzeuge (bei Mietwagen häufig der Fall). Zu erwerben ist er vor Ort oder im nahegelegenen Outdoor Adventure Center (s. S. 73), wobei die Station vor Ort oft nicht besetzt ist. Nicht motorisierte Besucher haben freien Eintritt.

› **Belle Isle Park**, www.belleisleconservancy.org, geöffnet: tägl. 5–22 Uhr (außerhalb dieser Zeiten wird man unter Umständen aufgefordert, den Park zu verlassen)

•6 [dj] **James Scott Memorial Fountain**, Juni–Sept. 10–21 Uhr

039de-axs

M 7 [ej] **Dossin Great Lakes Museum**, 100 Strand Dr., https://detroithistorical.org (unter „Dossin Great Lakes Museum"), Mi.–So. (im Winter Fr.–So.) 10–16 Uhr, Eintritt frei

•8 [ej] **Belle Isle Conservatory**, 900 Inselruhe Ave., www.belleisleconservancy.org/anna-scripps-whitcomb-conservatory, Mi.–So. 10–16 Uhr, Eintritt frei

•9 [ej] **Belle Isle Aquarium**, 3 Inselruhe Ave., www.belleisleconservancy.org/belle-isle-aquarium, Fr.–So. 10–16 Uhr, Eintritt frei

•10 [fj] **Belle Isle Nature Center**, 176 Lakeside Dr., https://belleislenaturecenter.detroitzoo.org, im Sommer tägl. 10–17 Uhr, im Winter Mi.–So. 10–16 Uhr, Eintritt frei

James Scott, Sponsor des gleichnamigen Marmorbrunnens auf Belle Isle

West Side

In direkter westlicher Nachbarschaft von Downtown finden sich die Reste Corktowns 40, der ältesten noch erhaltenen Neighborhood Detroits. Weiter westlich, auf der anderen Seite der I-75 und der Ambassador Bridge, erstreckt sich Mexicantown 42. Dieses Quartier und die umliegenden Viertel sind heute überwiegend lateinamerikanisch geprägt. In der West Side befinden sich außerdem einige schöne Parks und ein altes Fort 43.

39 John K. King Used & Rare Books ★ [D8]

Der hell gestrichene Backsteinbau ist weithin sichtbar. Wer Bücher liebt, sollte sich mit Vorsicht nähern: Es besteht die Gefahr, dass man hier jegliches Zeitgefühl verliert.

042de-axs

Gegründet 1965, hat sich John Kings Bücheruniversum über die Jahrzehnte auf mittlerweile über eine Million Titel vergrößert, die hier auf vier Etagen in endlosen Regalreihen gestapelt sind. Damit handelt es sich nicht nur um den **größten Buchladen Michigans**, sondern einen der größten in Nordamerika. Man findet Sachbücher zu allen erdenklichen Themen und Belletristik jedes Genres, aber auch Tausende von Zeitschriften, Zeitungen, Fotos (manche handsigniert), Filmposter und vieles mehr, vornehmlich aus dem 19. und 20. Jh.

Der **Rare Book Room** in einem angrenzenden Gebäude ist in der Regel nicht zugänglich, nur bei explizitem Interesse oder **im Rahmen einer Führung**. Dort sind Schätze zu erwerben wie etwa limitierte Erstausgaben von „Ulysses" (James Joyce), „Jacob's Room" (Virginia Woolf) oder „Great Expectations" (Charles Dickens). Die Preise für Schätze dieser Art liegen bei $ 20.000 bis $ 75.000 – davon sollte man sich allerdings nicht abschrecken lassen, denn grundsätzlich ist John K. King Used & Rare Books nicht nur eine Fundgrube unendlichen Ausmaßes, sondern auch vergleichsweise preiswert. Und ein Besuch ist in jedem Fall ein tolles Erlebnis.

› 901 W Lafayette Blvd., www.johnkingbooksdetroit.com und www.rarebooklink.com (Online-Datenbank für Raritäten), Mo.–Sa. 9.30–17.30 Uhr

› **Anfahrt:** Bus (Linien 1, 26) bis Lafayette & 6th

▷ *Unterwegs auf der Michigan Avenue in Corktown*

◁ *Antiquariat der Superlative: John K. King Books*

041de-axs

40 Corktown ★★★ [C7]

Das ehemalige Arbeiterviertel ist heute ein Zentrum der Gentrifizierung Detroits.

Der Name Corktown geht auf das irische Cork zurück: Das älteste (zumindest in Resten, s. Exkurs „Die zerschnittene Stadt“ auf S. 50) bestehende Viertel Detroits war in seinen ersten Jahrzehnten überwiegend **irisch geprägt.** Später zogen andere europäische Einwanderer und schließlich auch viele Afroamerikaner nach Corktown. Unabhängig von der ethnischen Zusammensetzung war das Viertel immer ein Arbeiterviertel, was sich jedoch in den letzten Jahren dramatisch zu ändern begann. Wegen der steigenden Beliebtheit hat der Preisdruck mittlerweile stark zugenommen und die **Bevölkerungsstruktur** unterliegt derzeit einem grundlegenden Wandel.

Trotz Jahrzehnten des Abrisses, des Verfalls und der Vernachlässigung gibt es südlich der **Michigan Avenue** noch einige beschauliche, baumbestandene Straßenzüge mit hübschen, pastellfarbenen Einfamilienhäuschen und Gärten. Dass sich die Preise hier in den vergangenen Jahren vervielfacht haben, ist weniger erstaunlich als die Tatsache, wie günstig diese idyllische Lage in direkter Innenstadtnähe vor Kurzem noch zu haben war.

Interessant ist die heute direkt an der Stadtautobahn M-10 gelegene römisch-katholische **Most Holy Trinity Church,** die seit 1855 besteht. Sie ist eine der ältesten Kirchen Detroits und ein neogotisches Kleinod, das einen eindrucksvollen Kontrast zur Umgebung abgibt. Wenn die Türen gerade geöffnet sind, lohnt sich ein Blick ins Innere. In unmittelbarer Nachbarschaft steht ein Stück Arbeitergeschichte: das 1849 erbaute **Workers Row House,** das bis in die Mitte des 20. Jh. von Arbeiterinnen und Arbeitern bewohnt war, z. B. Näherinnen, Bäckern und Zimmerern. Das einstöckige Haus mit drei Einheiten wurde von bis zu 36 Personen gleichzeitig bewohnt – jeweils zwölf Personen auf 50 m². Geschlafen wurde abwechselnd in Schichten.

Auf der Michigan Avenue selbst sind die vor wenigen Jahren noch vernagelten Restgebäude mittlerweile hochbegehrte Investitionsobjekte geworden. **Hippe Läden, Restaurants, Cafés und Bars** haben sich in den renovierten Backsteinbauten angesiedelt, Lücken werden nach und nach mit Neubauten gefüllt. Shoppen kann man hier (z. B. im Eldorado, s. S. 92), gut essen und ausgehen, etwa bei Bobcat Bonnie's (s. S. 78) oder Slows BarBQ (s. S. 80), die Gehwege an der rot gepflasterten Straße entlangschlendern und den Blick auf die nahe Skyline genießen. Man sollte jedoch bedenken, dass nach wie vor etliche **Lücken** bestehen und die **Wegstrecken** zwischen den einzelnen wiederbelebten Gebäuden durchaus etwas länger sein können. Für den gesamten hier beschriebenen Abschnitt der Michigan Ave. zwischen M-10 und I-75 benötigt man zu Fuß ohne Pause etwa 20 Minuten.

› Michigan Ave. zwischen M-10 (Osten) und I-75 (Westen) und südlich der Michigan Ave. bis Porter St.
› **Anfahrt:** Bus (Linien 2, 200) bis Michigan & John C Lodge im Westen (für Most Holy Trinity Church und Workers Row House) oder Michigan & 18th im Osten

ii11 [D8] **Most Holy Trinity Church,** 1050 Porter St., https://mhtdetroit.org

★12 [D8] **Workers Row House,** 1430 6th St. Das Haus kann momentan nicht besichtigt werden, allerdings können sich besonders Interessierte im archäologischen Museum der Wayne State University nach einer eventuellen Begehung oder einen Tag der offenen Tür erkundigen. Infos u. Kontakt: www.clas.wayne.edu/anthromuseum/Corktown-Archaeology.

41 Michigan Central Station ★★ [A7]

Unübersehbar ragt das ikonische Gebäude des alten Detroiter Hauptbahnhofs in den Himmel von Corktown 40. Das Bauwerk war lange Zeit Synonym für den Niedergang Detroits, seit Frühling 2018 ist es Symbol des Aufbruchs.

Keine **Ruine** in Detroit wurde öfter fotografiert, gedruckt und gepostet als der verlassene Bahnhof, der auch als **Michigan Central Train Depot** bekannt ist. Er wurde nicht nur zum Symbol für den Verfall Detroits, sondern zeitweise, so schien es, für *ruin porn* (Ruinenfotografie) per se. Dabei begann alles wie gewohnt mit Superlativen: Der massiv wirkende, 70 m hohe Bau war bei seiner Eröffnung 1914 das **höchste Bahnhofsgebäude der Welt.** In den ersten Jahrzehnten arbeiteten hier Tausende Angestellte. Ebenso strömten Tausende Passagiere von und zu den über 200 Zügen, die pro Tag die Station passierten. Zum Vergleich: Der heutige Hauptbahnhof in Detroits New Center zählt lediglich sechs Abfahrten pro Tag.

Der **Rückgang der Passagierzahlen** begann mit dem **Aufstieg des Automobils.** Noch während des Zweiten Weltkriegs auch für Truppentransporte rege genutzt, begann sich der Passagierschwund ab den 1950er-Jahren rapide zu beschleunigen. Ende der 1960er waren bereits das Bahnhofsrestaurant, die meisten Läden und der Großteil des Warteraums geschlossen, ebenso wie der Haupteingang: Die Gäste nutzten nun zusammen mit den Angestellten den Personaleingang. Als Amtrak 1975 landesweit den Passagierverkehr übernahm, wurde das Gebäude noch einmal stärker genutzt und sogar renoviert, 1988 aber war dann endgültig Schluss.

1996 kaufte der Detroiter Milliardär **Manuel Moroun** den Bahnhof, der sein Vermögen mit einem Logistikunternehmen machte und auch einen Teil der Ambassador Bridge besitzt (s. Exkurs „Detroit als Grenzstadt" s. S. 20). 2000 wurde die große Abfahrtshalle abgerissen und das Gelände für wenige Jahre als Frachtumschlagplatz genutzt. Das Gebäude stand über die Jahre leer, unzählige Nutzungskonzepte lösten sich in Luft auf. Gleichzeitig verfiel es zusehends; um 2010 war nur noch ein fensterloses Gerippe übrig, durch Vandalismus de facto entkernt. Ein Abriss war bereits im Gespräch. 2011 schließlich wurden notdürftige Sicherungsmaßnahmen durchgeführt und das Gelände mit Stacheldraht eingezäunt. Später ließ Moroun wieder Fenster in das Gebäude einsetzen, um es vor der Witterung zu schützen.

Der große Paukenschlag erfolgte im Mai 2018, als William Clay Ford Jr., der Urenkel Henry Fords (s. S. 69), verkündete, dass die **Ford Motor Company** ihre Forschungsabteilung für autonomes Fahren in den Bahnhof verlegen würde. Der Konzern kaufte den Bau mit mehreren Nebengebäuden. Geplant sind ein sogenannter Ford Campus, öffentlich zugängliche Restaurants und Läden im Erdgeschoss sowie Lofts in den obersten Stockwerken. Die **Eröffnung** ist **für 2022 geplant.**

› 2001 15th St.

› **Anfahrt:** Bus (Linien 2, 200) bis Michigan & 14th bzw. Michigan & 16th

42 Mexicantown ★★ [ai]

Das Ford-Werk in Dearborn 47 und die Schwerindustrie im nahen River Rouge lockten seit den 1920er-Jahren Mexikaner in die Gegend, ab den 1980ern kamen Migranten aus ganz Lateinamerika. Heute werden die Viertel im Südosten der Stadt überwiegend von Menschen aus Zentral- und Südamerika bewohnt.

Der Name Mexicantown ist erst seit den 1980er-Jahren in Gebrauch und ob der weitaus vielfältigeren Bevölkerung etwas irreführend. Heute gilt er als nicht gerade politisch korrekt und würde so mit Sicherheit auch nicht mehr eingeführt. Wie dem auch sei, Mexicantown bezeichnet das lateinamerikanische Viertel im Südwesten der Stadt. Dessen Grenzen sind nicht genau definiert, die **Hauptgeschäftsstraße** ist allerdings der **Vernor Highway** [ai] auf 5 km Länge zwischen Corktown 40 im Osten und den parkartigen Friedhöfen Holy Cross und Woodmere im Westen. *Taquerias* (Ta-

☐ *Churros y Tamales: stilecht essen in Mexicantown*

043de-axs

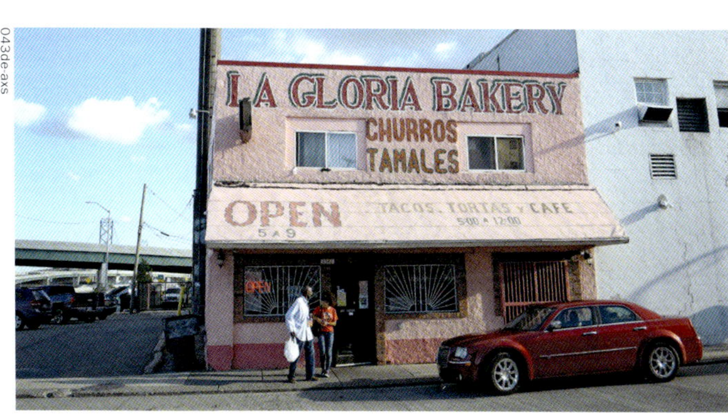

co-Lokale), *Restaurantes* und *Supermercados* diverser zentral- und südamerikanischer Provenienz, Galerien, Kulturzentren und kleine Läden mit Importiertem prägen Haupt- und Nebenstraßen des Viertels. Viele der Häuser sind bunt und es lassen sich etliche interessante und imposante **„murals“** (Wandgemälde) entdecken.

Eine kleine „Vorstadt“ von Mexicantown (und der Downtown nächstgelegene Teil) erstreckt sich südwestlich der alten Michigan Central Station 41, vor allem entlang der **Bagley Street** [A7]. Eine Empfehlung ist der hier ansässige, auf mittelamerikanische Produkte spezialisierte **Honey Bee Market La Colmena** (s. S. 92). Im weiteren Straßenverlauf findet man zudem das **Detroit Mexicantown International Welcome Center** (s. S. 117) mit umfangreichem Infomaterial zu Detroit und Michigan. Von dort führt seit 2010 eine **Fußgängerbrücke** über die an dieser Stelle riesige Autobahn I-75 bzw. I-96. Gleich nach Überqueren der Brücke erreicht man etwa die Restaurants **Evie's Tamales** (s. S. 80) und **Los Galanes** (s. S. 80).

Dieser Bereich lässt sich gut im Rahmen eines kurzen **Abstechers aus Corktown** erkunden: Von der alten Michigan Central Station bis über die Fußgängerbrücke geht man zu Fuß etwa 15–20 Minuten, bis zum Honey Bee Market sind es nicht einmal zehn Minuten.

› www.mexicantown.com
› **Anfahrt:** Die Busse der Linien 1 und 89 durchqueren Mexicantown in Ost-West-Richtung auf dem Vernor Hwy. Linie 11 macht erst einen Schlenker nach Norden, um Mexicantown dann in Nord-Süd-Richtung zu durchqueren. Sie kreuzt den Vernor Hwy. an der Haltestelle Junction & Vernor.

43 Fort Wayne ★★ [aj]

Fort Wayne wurde zwischen 1842 und 1851 errichtet, um eine potenzielle Invasion der Briten aus Kanada abzuwehren.

Die **sternförmige Zitadelle** wurde nach einem von dem französischen Festungsbaumeister **Sébastien Le Prestre de Vauban** (1633–1707) entwickelten Design angelegt. Grund waren die Auseinandersetzungen im Zusammenhang mit dem sogenannten *Patriot War* Ende der 1830er-Jahre, als Teile einer kurzlebigen Unabhängigkeitsbewegung gegen die britischen Kolonialherren in Kanada rebellierten und dabei von US-amerikanischen Freiwilligen unterstützt wurden. Im Zuge dessen wurde den US-Amerikanern die generelle Verwundbarkeit ihrer Nordgrenze bewusst und der Kongress vereinbarte eine Befestigung derselben.

Fort Wayne ist eines von zahlreichen Forts, die zwischen der Atlantikküste und dem heutigen Minnesota errichtet wurden. Bei Fertigstellung der Anlage war der Konflikt längst politisch entschärft und eine britische Invasion so unwahrscheinlich, dass das nagelneue Fort erst gar nicht bewaffnet und bemannt wurde, sondern erst einmal zehn Jahre leer stand. In dieser Zeit diente es wahrscheinlich als ein Endpunkt der **Underground Railroad**, einem Netzwerk zur Fluchthilfe von Sklaven aus den Südstaaten nach Norden. Ein benachbarter Bauer besserte sein Einkommen mit einer von ihm illegal betriebenen Bootsfähre nach Kanada auf und schmuggelte die afroamerikanischen Flüchtlinge in die Freiheit.

Während des US-amerikanischen **Bürgerkriegs** (1861–1865) wurde das Fort erstmals militärisch genutzt,

und zwar als Musterungsstelle und als Lazarett für verwundete Soldaten. In den folgenden rund hundert Jahren diente es als Truppenstandort, Durchgangslager und administratives Zentrum für die Einschiffung von Soldaten und Material: im spanisch-amerikanischen Krieg, in den beiden Weltkriegen, im Koreakrieg und im Vietnamkrieg. Kurzzeitig war es auch **Internierungslager** für (angebliche) Kommunisten und für faschistische Kriegsgefangene aus Italien. Ab 1967 wohnten für einige Jahre Familien in den Gebäuden, die ihr Hab und Gut im Zuge der Rassenunruhen in Detroit verloren hatten. Nach Ende des **Vietnamkriegs** wurde das Gelände 1976 schließlich der Stadt Detroit übergeben und es begann eine jahrzehntelange Phase des Verfalls.

Heute sind viele Bauten des Forts wiederhergestellt oder zumindest gesichert. Das originale **Kasernengebäude** aus Kalkstein im Federal Style ist als einziges Gebäude innerhalb der Zitadelle erhalten. Der ehemals stark befestigte Eingang wurde im Laufe der Jahrzehnte für den Fahrzeugverkehr erweitert, ansonsten befindet sich die Befestigungsanlage heute in einem guten und weitgehend originalen Zustand. Außerhalb der Mauern befinden sich Gebäude aus den 1880er-Jahren im viktorianischen Stil, die als **Offiziersunterkünfte** dienten, ferner ein Krankenhaus und ein Postamt. Interessant ist zudem ein **indianisches Hügelgrab** aus dem Jahr 1000, das sich mitten auf dem Gelände befindet. Das Fort ist nur an Wochenenden im Sommer geöffnet. **Geführte Touren** dauern etwas über eine Stunde und sind sehr zu empfehlen.

› 6325 W Jefferson Ave., www.historicfortwaynecoalition.com, Mai–Okt. Sa./So. 10–16 Uhr, geführte Tour $ 5 pro Person

› **Anfahrt:** Am einfachsten mit Fahrrad oder Mietwagen erreichbar. Per Bus: Aus der Innenstadt nimmt man die Buslinie 19 bis Fort & Dragoon, dann Umstieg in Linie 30 bis Dragoon & West Jefferson.

Lagerschuppen im Fort Wayne

Entdeckungen außerhalb der City

Wer sich ein Bild von der Metropolregion Detroit machen möchte, für den bietet sich der Besuch außerhalb der Stadt gelegener Ziele an. Sie sind aufgrund des weitgehend fehlenden Nahverkehrs allerdings realistischerweise nur mit dem Auto zu erreichen (Infos zu Mietwagen: s. S. 111).

44 Grosse Pointes ★★

Als Grosse Pointes werden insgesamt fünf Gemeinden bezeichnet, die sich nordöstlich von Detroit an das Ufer des Lake St. Clair schmiegen. Ursprünglich französische Bauerndörfer, entwickelten sie sich zu Beginn des 20. Jh. zu Nobelvororten reicher Detroiter.

045de-axs

Der **Lake St. Clair** ist im Vergleich mit den Großen Seen winzig, aber mit einer Oberfläche von 1114 km² immerhin mehr als doppelt so groß wie der Bodensee. Der größere Teil des Sees ist kanadisches Staatsgebiet, das Westufer ist US-amerikanisch und der südliche Teil davon wiederum wird von den Grosse Pointes eingenommen: **Grosse Pointe Park, Grosse Pointe, Grosse Pointe Farm, Grosse Pointe Shores** und **Grosse Pointe Woods.**

Während reiche Detroiter hier bereits im 19. Jh. Wochenendhäuschen und Sommerresidenzen bauten, rückte die Automobilisierung den Uferabschnitt in Pendlerreichweite der Detroiter Innenstadt. Fortan wuchsen insbesondere entlang des Ufers zum Teil riesige Villen und **Luxusresidenzen** heran. Eine Fahrt entlang des **Lake Shore Drive**, einer Verlängerung der West Jefferson Avenue, die auch als **Nautical Mile** bekannt ist, führt an den Villen mit ihren parkartigen Grundstücken vorbei. Bekanntestes Beispiel ist das von Albert Kahn (s. S. 44) entworfene **Edsel and Eleanor Ford House** von 1927, ein Herrenhaus mit Wirtschaftsgebäuden inmitten eines Parks enormen Ausmaßes, das sich im Rahmen von **Führungen** besichtigen lässt.

Die **Freizeitmöglichkeiten** in den Grosse Pointes sind historisch gewachsen, schließlich war die Region ein typisches Wochenendziel wohlhabender Detroiter. Die Tennis-, Golf- und Jachtklubs sind häufig viele Jahrzehnte alt. Die meisten sind privat,

◁ *Polnische Spuren in Hamtramck: Mural mit tanzendem Paar*

aber es gibt auch mehrere öffentlich zugängliche kommunale **Parks und Marinas** entlang des Seeufers, die zum Flanieren oder sogar zum Schwimmen einladen. Außerdem locken **Restaurants mit Seeblick.**

› www.gphistorical.org (Website der Grosse Pointe Historical Society mit umfangreichen Infos)

› **Anfahrt:** Buslinie 635 fährt ab Downtown Detroit über die E Jefferson Ave. am Ufer des Lake St. Clair entlang durch die Grosse Pointes, u. a. auch zum Edsel and Eleanor Ford House. Wesentlich einfacher ist die Anfahrt aber mit dem Mietwagen.

M 13 **Edsel and Eleanor Ford House,** 1100 Lake Shore Rd., Grosse Pointe Shores, www.fordhouse.org, verschiedene thematische Touren durch das Haus Di.–Sa. 10–16, So. 12–16 Uhr jeweils halbstündlich, Eintritt: $ 5–$ 18 (je nach Tour und Alter)

45 Hamtramck ★★ [dg]

Die Enklave Hamtramck (gesprochen „Hamtrammick“) ist verwaltungstechnisch kein Teil von Detroit, als „Insel“ in der Stadt aber untrennbar mit ihr verbunden.

Auch wenn Hamtramck technisch betrachtet eine selbstständige Stadt ist, fühlt es sich an wie ein Viertel Detroits. Im 20. Jh. war Hamtramck das Zentrum der **polnischen Bevölkerung** im Raum Detroit. Davon sind heute noch zahlreiche Spuren zu finden: von polnischen Lebensmittelläden, Metzgern und Eckkneipen über katholische Kirchen bis hin zu einer Statue von Papst Johannes Paul II., der Hamtramck in den 1980er-Jahren besuchte. Die überwiegende Mehrheit der Einwanderer kam auf der Suche nach Arbeit in das 1910 eröffnete **Autowerk der Dodge Brothers,** heute bekannt unter dem Namen GM Detroit-Hamtramck Assembly Plant. Seit den 1970er-Jahren ist der Bevölkerungsanteil mit polnischer Abstammung allerdings von über 90 % auf etwa 10 % gesunken. Heute ist Hamtramck das Zentrum west- und südasiatischer Einwanderer, insbesondere aus Bangladesch und Pakistan, fast die Hälfte der Bewohner ist außerhalb der USA geboren. Das macht die Stadt zu einer der **ethnisch diversesten** in den USA. Seit 2015 hat Hamtramck als erste Kommune in den USA einen **mehrheitlich muslimischen Stadtrat.** Eine Erhebung in den städtischen Schulen kam 2013 zu dem Ergebnis, dass von den Kindern 26 verschiedene Muttersprachen gesprochen werden.

In vielerlei Hinsicht teilte die Enklave das Schicksal der Stadt Detroit. So hat sich die Bevölkerungszahl seit Mitte des 20. Jh. in etwa halbiert, heute leben rund 22.000 Menschen in der Stadt. Allerdings gibt es hier keine großen Brachflächen, die einfache Wohnbebauung des alten Arbeiterviertels ist dicht und im Wesentlichen erhalten. Dasselbe gilt für die **Hauptgeschäftsstraße,** die **Joseph Campau Avenue.**

Für Reisende kann ein Besuch Hamtramcks aus mehreren Gründen interessant sein: um die nach wie vor deutlichen Spuren der polnischen Diaspora zu erleben, um eines der zahlreichen Restaurants wie das **Polonia** (s. S. 82) zu besuchen oder um an der Haupteinkaufsstraße in einem der bunten Läden zu stöbern.

› Joseph Campau Ave. zwischen Hamtramck Dr. und Carpenter Ave.

› **Anfahrt:** Bus (Linie 52) bis Joseph Campau & Evaline bzw. Bus (Linien 52, 95) bis Joseph Campau & Carniff. Beide Linien fahren in der Innenstadt ab.

46 Detroit Zoo ★★

Der Detroit Zoo in Royal Oak beherbergt über 245 Spezies und mehr als 2000 einzelne Tiere.

Detroits erster Zoo öffnete 1883 in Corktown 40. 1928 erfolgte aus Platzgründen der Umzug auf ein über 50 ha großes Gelände in Royal Oak. Heute bietet der Zoo neben einem 4-D-Kino und einer Bahn (an Wochenenden und Feiertagen) vor allem großzügig angelegte Außenanlagen, Hallen und Aquarien. Herausragend ist der sogenannte **Arctic Ring of Life** mit seinen Eisbären und Robben: Ein riesiges Becken kann durch einen Acrylglas-Tunnel unterquert werden, der einen Rundblick vom Grund des Aquariums erlaubt. Das simulierte Outback beherbergt Kängurus und Wallabys, der Besucherpfad windet sich hier direkt durch das Gehege. Der Zoo bietet außerdem das größte Pinguin-Habitat der Welt, Häuser für Reptilien, Amphibien und Schmetterlinge, eine große Voliere und die thematischen Bereiche afrikanische Savanne, amerikanische Graslandschaften sowie afrikanischer und asiatischer Urwald.

Der Detroit Zoo gilt als einer der weltweit ersten, der im großen Stil ohne Gitterabsperrungen arbeitete und versuchte, die Tiere möglichst artgerecht zu halten. Man nimmt Einwände von Seiten des **Tierschutzes** offenbar ernst: Bereits in den frühen 1980er-Jahren wurden etwa alle Tiershows eingestellt und 2005 trennte man sich von den beliebten Elefanten, da die Winter Michigans als zu hart und ein mehrmonatiger Innenaufenthalt als zu stressig für die Tiere empfunden wurde. Der Besuch ist vor allem, aber keineswegs nur **mit Kindern** ein tolles Erlebnis.

› 8450 W 10 Mile Rd., Royal Oak, https://detroitzoo.org, April–Sept. tägl. 9–17 Uhr (Juli/Aug. Mi. bis 20 Uhr), Okt.–März 10–16 Uhr, Eintritt: Erw. $ 18, Kinder 2–18 Jahre $ 15, Parkgebühr $ 8

› **Anfahrt:** Die Buslinien 461 und 462 fahren in gut 40 Min. aus der Innenstadt zum Zoo, Ausstieg: Woodward & Washington.

47 Ford in Dearborn ★★

Dearborn westlich von Detroit ist als Wohnort der größten arabischstämmigen Community der USA bekannt, vor allem aber als Standort der Konzernzentrale von Ford.

The Henry Ford besteht aus mehreren Teilen, die zusammen oder individuell besucht werden können: das Henry Ford Museum of American Innovation, das Greenfield Village und die Ford-Produktionsstätten, die sich im Rahmen der Ford Rouge Factory Tour besichtigen lassen. Für Besucher besonders interessant ist der Museumskomplex mit Außenanlagen (Greenfield Village) und der ehemalige Wohnsitz Henry Fords (s. S. 69), Fair Lane. Wer Ford einen ganzen Tag widmen will, kann verschiedene **Kombitickets** erwerben (s. Website).

Das **Henry Ford Museum of American Innovation** hat eine Ausstellungsfläche von knapp 50000 m², auf der eine enorme Bandbreite von Exponaten zur Technologiegeschichte bestaunt werden können: alte Dampfmaschinen und riesige Lokomotiven, klassische Fahrräder, Automobile und Flugzeuge, aber auch Kuriosa wie die Präsidentenlimousine, in der John F. Kennedy erschossen wurde, das typische Kinderzimmer eines Teenagers in den 1980er-Jahren oder eine kleine Sammlung jahrhundertealter Geigen.

Henry Ford: Leben und Wirken einer Unternehmerlegende

Henry Ford (1863–1947) hat weder das Automobil noch die Fließbandproduktion erfunden. Als Unternehmer hat er jedoch beide zusammengebracht und das Automobil so zu einem auch für die Mittelklasse erschwinglichen Massenprodukt gemacht. Dies veränderte die Lebensweise der Menschen weltweit fundamental – sicher nicht nur zum Besseren, wie wir heute wissen. Gleichzeitig scheint eine Abkehr von der autonomen und individuellen Fortbewegung per Automobil auch heute weder vorstellbar noch (für die überwiegende Mehrheit der Menschen) wünschenswert.

Henry Ford hinterließ der Welt aber noch weit mehr als das fließbandproduzierte Auto für jedermann. Das unter dem Ismus „Fordismus" bekannt gewordene Wirtschafts- und Unternehmenskonzept koppelte günstige Preise durch standardisierte Massenfertigung an hohe Löhne für Arbeiter und Angestellte, um deren Kaufkraft zu erhöhen.

Dahinter stand die Vision der Konsumgesellschaft als Friedens- und Wohlstandsgarant – Wohlfahrtskapitalismus auf globaler Ebene. Leider wird diese enorme Lebensleistung getrübt durch Fords Antisemitismus, den er in mehreren von ihm verlegten Publikationen in den frühen 1920er-Jahren verbreiten ließ und an dem er auch später festhielt. Adolf Hitlers Faszination und Bewunderung für Henry Ford rührte nicht zuletzt daher.

Ford wurde in Greenfield bei Detroit auf einer Farm geboren, das heutige Freilichtmuseum Greenfield Village (s. S. 70) in Dearborn 47 *ist danach benannt. Sein Vater war Ire, seine Mutter Tochter belgischer Einwanderer. Henry Fords Faszination für Technologie offenbarte sich früh, ebenso wie seine Abneigung gegenüber der Landwirtschaft. Nach mehreren Anstellungen in Industriebetrieben Detroits begann er 1891, im Alter von 28 Jahren, für Thomas Alva Edison zu arbeiten. Die beiden Männer blieben sich ein Leben lang freundschaftlich verbunden. Gleichzeitig baute Ford erste Prototypen von Motoren und Automobilen. Mithilfe von Investoren gründete er 1899 seine erste Firma, die allerdings nicht erfolgreich war. 1903 schließlich formte sich die Ford Motor Company und 1908 kam das bahnbrechende* ***Model T*** *auf den Markt, das bis 1927 millionenfach produziert wurde: Erschwinglich, robust und einfach zu reparieren, avancierte „Tin Lizzie" („Blechliesel") zum Liebling der Massen. Es machte Ford zu einem der reichsten und mächtigsten Männer der Welt.*

In den 1930er-Jahren dann übernahm sein Sohn Edsel zunehmend die Geschäfte. Nach dessen frühem Tod kehrte Ford in den 1940er-Jahren noch einmal zurück. 1945 schließlich übernahm sein Enkel die Firma. Henry Ford starb 1947 im Alter von 83 Jahren.

Den Kern des **Freilichtmuseums Greenfield Village** bilden am Originalplatz zerlegte und hier vor Ort wieder zusammengesetzte historische Gebäude wie das Geburtshaus Henry Fords, das Wohn- und Geschäftshaus der Gebrüder Wright oder die Werkstätten Thomas Alva Edisons. Der

Transport auf dem Gelände erfolgt mit **historischen Fahrzeugen**, z. B. im Model T, in der Pferdetrambahn oder im Dampfzug. Mögliche Unternehmungen umfassen z. B. das Mahlen von Mehl, Töpferkurse oder Experimente für Kinder. Mehrere **Lokale** laden zu einer kulinarischen Pause ein.

Die **geführten Touren durch die Ford Rouge Factory** starten vor dem Museum mit einer Busfahrt zu den Werkstoren.

Unmittelbar verbunden mit der Geschichte Fords in Dearborn ist die der arabischen Community der Stadt. Seit den 1920er-Jahren kamen Migranten aus dem Nahen Osten auf der Suche nach Arbeit in den Ford-Werken in den Westen Detroits, vorwiegend nach Dearborn. Über die Geschichte und Kulturen der westasiatischen Migration in die USA informiert das sehenswerte, 2005 eröffnete **Arab American National Museum** (s. S. 72) im Zentrum der Stadt.

Am besten nähert man sich Dearborn **mit dem Auto** über die **Michigan Avenue (US-12)** aus dem Zentrum Detroits, durchquert dabei zunächst Corktown 40, streift die nördlichen Ausläufer von Mexicantown 42 und einige industriell geprägte Viertel, bevor man nach der Überquerung der I-94 nach Dearborn gelangt. Mit der Michigan Avenue erlebt man ein eindrucksvolles Beispiel für einen ehemals geschäftigen, urbanen US Highway, der heute vielerorts von Ruinen gesäumt ist, aber punktuell Revitalisierung erfährt, v. a. in Corktown. Dearborn selbst ist eine recht wohlhabende Stadt mit guter Infrastruktur.

› 20900 Oakwood Blvd., Dearborn, www.thehenryford.org
› **Henry Ford Museum of American Innovation,** tägl. 9.30–17 Uhr, Eintritt: Erw. $ 23, Senioren $ 21, Kinder 5–11 Jahre $ 17; Parken zusätzlich $ 6
› **Greenfield Village,** April–Ende Okt. tägl. 9.30–17 Uhr, Nov. nur Fr.–So., im Dez. nur sporadisch, Jan.–März geschlossen, Eintritt: Erw. $ 28, Senioren $ 26, Kinder 5–11 Jahre $ 21, Tagespass für alle Attraktionen im Park zzgl. $ 16
› **Ford Rouge Factory Tour,** Mo.–Sa. 9.30–17 Uhr, Eintritt: Erw. $ 18, Senioren $ 16, Kinder 5–11 Jahre $ 14

Limousine von Präsident Dwight D. Eisenhower (regierte 1953–1961) im Henry Ford Museum

DETROIT ERLEBEN

047de-axs

Detroit für Kunst- und Museumsfreunde

Museumsliebhaber und Kunstinteressierte haben in Detroit die Qual der Wahl. Wer an **Street-Art** und **Outdoor-Galerien** interessiert ist, kann ihnen kaum entkommen: Motown mit seinem großen Platzangebot und seiner Kreativität bietet nahezu unendliche Möglichkeiten in einzigartigen *cityscapes*. Und in den etablierten Ausstellungsorten kann man Kunst auf höchstem Niveau genießen. Gleichzeitig bietet die Stadt eine **einzigartige Museumslandschaft**, die sich thematisch mit so vielfältigen Sujets wie Stadt- und Sozialgeschichte, Musik, Natur, Technik oder Zukunft beschäftigt.

Museen

14 **Arab American National Museum,** 13624 Michigan Ave., Dearborn, www.arabamericanmuseum.org, Mi.–Sa. 10–18, So. 12–17 Uhr, Eintritt: Erw. $ 8, erm. $ 4. Das einzige Museum seiner Art, passenderweise in Dearborn 47 mit seiner großen arabischstämmigen Community. Die Kernausstellung behandelt Ankunft, Leben und Einfluss der Migranten auf ihre neue Umgebung, dazu gibt es wechselnde Ausstellungen, darunter viele von Künstlern mit arabischen Wurzeln.

22 [G2] **Charles H. Wright Museum of African American History.** Der beeindruckende Bau beherbergt das größte Museum für afroamerikanische Geschichte in den Vereinigten Staaten (s. S. 38).

Vorseite: Wandbild am Haupteingang des Ally Detroit Center [F9]

15 [ah] **Dabls MBAD African Bead Museum,** 6559 Grand River Ave., www.mbad.org, Mo.–Sa. 12–19 Uhr, Eintritt frei (Spenden erwünscht). Museum und Installationen in knalligen Farben und Formen über fast einen gesamten Block, die das afrikanische Erbe der Afroamerikaner thematisieren (*beads* bezeichnet afrikanischen Perlenschmuck). Der Gründer Olayami Dabls ist fast immer vor Ort und ein ebenso großartiger wie beeindruckender Geschichtenerzähler. Das Haupthaus steht unübersehbar an der Ecke Grand River/W Grand Blvd.

16 [F1] **Detroit Historical Museum,** 5401 Woodward Ave., https://detroithistorical.org, Di.–Fr. 9.30–16, Sa./So. 10–17 Uhr, Eintritt frei. Die Geschichte Detroits und des südöstlichen Michigans steht hier im Fokus, inklusive nachgebauter Straßenzüge und Fließbänder der Autoindustrie. Interessant ist die aktuelle Wechselausstellung über die ethnischen Unruhen in Detroit 1967, die zumindest bis Ende 2019 zu sehen sein wird.

23 [F1] **Detroit Institute of Arts.** Eines der prestigeträchtigsten Kunstmuseen in den USA mit Werken von Cranach d. Ä., van Gogh und Velázquez bis Pechstein (s. S. 39).

17 [F1] **Detroit Public Library,** Main Building, 5201 Woodward Ave., https://detroitpubliclibrary.org/locations/main, Di./Mi. 12–20, Do.–Sa. 10–18 Uhr. Eröffnet 1921, sind das prunkvolle Gebäude im Stil der italienischen Renaissance ebenso wie der Mid-Century-Anbau allein schon einen Besuch wert. Im Gebäude finden sich zahlreiche Detroit-typische Details, wie etwa Fliesen der Pewabic Pottery 37. Wer sich für die Geschichte Detroits interessiert, sollte einen Besuch der Burton Historical Collection in Erwägung ziehen.

048de-axs

› **Dossin Great Lakes Museum** (s. S. 59). Marinemuseum zur Geschichte der Großen Seen, mit originaler Schiffsbrücke zum Anfassen, gelegen auf Belle Isle 38.

› **Edsel and Eleanor Ford House** (s. S. 67). Palastartiges Herrenhaus des Sohns von Henry Ford und seiner Frau in Grosse Pointes 44.

24 [ch] **Ford Piquette Avenue Plant.** Geburtsstätte der Fließbandproduktion des Automobils und des berühmten Model T. Zahlreiche historische Automobile, Henry Fords Büro und eine informative sowie lehrreiche Ausstellung (s. S. 40).

› **Greenfield Village** (s. S. 70). Historisches Museumsdorf in Dearborn 47. Geschichte zum Anfassen. Besonders, aber nicht nur für Kinder ein Erlebnis.

› **Henry Ford Museum of American Innovation** (s. S. 70), Dearborn. Chronik der amerikanischen Technikgeschichte in beeindruckender Fülle und Qualität.

18 [F2] **Michigan Science Center,** 5020 John R St., www.mi-sci.org, Di.–Fr. 10–15, Sa. 10–17, So. 12–17 Uhr, Eintritt: Erw. $ 14, erm. $ 11, 4-D-Kino und Planetarium kosten extra. Das Science Center ist für Reisende mit Kindern sehr zu empfehlen: Es gibt aufschlussreiche Ausstellungen über Ingenieurskunst, Gesundheit und Ernährung bis hin zu Weltraum und Raumfahrt. In Labors kann vor Ort gleich selbst experimentiert werden. Auf der Website findet sich ein Kalender mit zusätzlichen Events.

27 [bh] **Motown Museum – Hitsville USA.** Der Besuch im Zentrum des Sounds, der die Welt veränderte, ist ein Muss für Musikfans, inklusive des originalen Aufnahmestudios und zahlreicher Artefakte der Stars des Labels (s. S. 44).

21 [F3] **Museum of Contemporary Art Detroit.** Zeitgenössische Kunst in einem entkernten ehemaligen Autohaus an der Woodward Avenue (s. S. 37).

19 [I9] **Outdoor Adventure Center,** 1801 Atwater St., www.michigan.gov/oac, Mi.–Fr. 10–15, Sa. 10–17, So. 12–17 Uhr, Eintritt: Erw. $ 5, erm. $ 3. Ein interaktives Mitmachmuseum rund um das Thema Natur: Das Zentrum befindet sich nahe dem Detroit River und am Beginn des Dequindre Cut Greenway (Radweg). Themen sind die Flora und Fauna Michigans; angeboten werden Kurse und

Die große Kuppel des Charles H. Wright Museum of African American History

Exkursionen, z. B. zu den Themen Vogelbeobachtung, Fischfauna der Großen Seen oder Pfadfinderübungen für Kinder.

37 [ei] **Pewabic Pottery.** Produktionsstätte, Museum und Shop in den originalen Gebäuden der legendären Töpferei (s. S. 55).

Kunstgalerien

„Zwischennutzung" ist ein schrecklich-schönes deutsches Wort, das die temporäre Nutzung von Immobilien beschreibt, die alsbald einer „besseren", weil für den Eigentümer profitableren Nutzung zugeführt werden sollen. Das Detroiter Zentrum (Downtown und Midtown) sowie die East Side sind nach wie vor voll von Galerien, die nach diesem Nutzungskonzept funktionieren. Wer das Glück hat, jetzt nach Detroit zu kommen, wird sich in einigen Jahren wohl wehmütig an diese Zeit zurückerinnern.

20 [F2] **Detroit Artists Market,** 4719 Woodward Ave., http://detroitartistsmarket.org, Di.–Sa. 11–18 Uhr. Fokus auf lokaler Kunst aus Detroit und einer der besten Orte, um der Kreativität Motowns näherzukommen. Objekte aus allen Bereichen der bildenden Kunst.

21 [di] **Detroit Industrial Gallery,** 3647 Heidelberg St., www.detroitindustrialgallery.com. In unmittelbarer Nachbarschaft zu The Heidelberg Project 35 hat Tim Burke sein Haus zum Kunstobjekt gemacht. Viele der bizarren Skulpturen sind gefertigt aus Materialien von Gebäuden, die in den letzten Jahren in Detroit abgerissen wurden. Kommt man nachmittags, kann man dem Künstler bei der Arbeit über die Schulter schauen.

22 [F7] **Library Street Collective,** 1260 Library St., www.lscgallery.com, Mi.–Sa. 12–18 Uhr. Eine der etablierteren Galerien mit hochinteressantem Programm. Die Macher haben auch The Belt 10 ins Leben gerufen.

23 [F2] **N'Namdi Center for Contemporary Art,** 52 E Forest Ave., http://nnamdicenter.org, Di.–Sa. 11–18 Uhr. Im Fokus steht afroamerikanische Kunst, die Galerie bietet mehrere Ausstellungsräume und eine Bühne. Das Haus ist benannt nach seinem Gründer George N'Namdi, dessen imposante Sammlung mit Malereien und Skulpturen aus mehreren Jahrzehnten Sammlungstätigkeit im Haus zu bewundern ist.

24 [F1] **Scarab Club,** 217 Farnsworth St., http://scarabclub.org, Mi.–So.

Der Eastern Market 31 ist eine Fundgrube für Street-Art-Fans

049de-axs

12–17 Uhr, Eintritt frei (nur bei Veranstaltungen wird Eintritt verlangt). Gegründet 1907 von Künstlern aus Detroit, bezog das Kulturzentrum 1928 das jetzige Gebäude, das schon für sich genommen ein Kunstwerk ist mit seinen Bleiglasfenstern und Wandmalereien. Heute finden neben Ausstellungen auch Lesungen und Konzerte statt. Einzigartige Atmosphäre für alle, die etwas tiefer eintauchen möchten in das kulturelle Leben Detroits.

25 [F7] **Swords into Plowshares Peace Center and Art Gallery,** 33 E Adams Ave., www.swordsintoplowsharesdetroit.org, unregelmäßige Öffnungszeiten (Details s. Website). Frieden und Gerechtigkeit sind die zentralen Themen dieser Galerie und ihrer Ausstellungsstücke. Klein und beeindruckend.

26 [H4] **Wassermann Projects,** 3434 Russell St., http://wassermanprojects.com, Di.–Sa. 11–17, Fr. bis 19 Uhr sowie abends bei Veranstaltungen. In- und Outdoor-Galerie mit wechselnden Ausstellungen. Auch hier werden Lesungen und Konzerte mit Schauen bildender Kunst in Verbindung gesetzt. Beeindruckende Umgebung.

Kunst unter freiem Himmel

Kunst im öffentlichen Raum ist in Motown allgegenwärtig. Dazu gehören institutionalisierte Outdoor-Galerien wie **The Belt** 10 oder Skulpturengärten wie das **The Heidelberg Project** 35, die **Fassaden** der Detroit Industrial Gallery (s. S. 74) oder des Dabls MBAD African Bead Museum (s. S. 72).

Einen wahren Boom erlebt **Street-Art** im **Eastern Market** 31, der zwar

050de-axs

The Belt 10*: Open-Air-Galerie, Bar, Veranstaltungsort*

schon lange für seine **Wandgemälde** („**murals**") bekannt war, nun aber sogar geführte Rundgänge zu den einzelnen Kunstprojekten anbietet; die Galerie wird ständig erweitert. Das lateinamerikanisch geprägte **Mexicantown** 42 und Umgebung sind ebenfalls ein Eldorado für Liebhaber von Wandmalereien, kaum ein Restaurant oder Geschäft kommt hier ohne aus. Auch weit über Mexicantown hinaus haben viele Geschäfte Künstler beauftragt, ihre Gebäude mit Wandbildern zu verzieren. Dazu zählt unter anderem der Carhartt Flagship Store (s. S. 40), dessen Seitenwand zur Autobahn von einem riesigen *mural* geschmückt wird. Über Detroit hinaus bekannt sind die **Graffitis** entlang des Radwegs **Dequindre Cut Greenway** [I6–I8]. Graffitis und *murals* sind natürlich über die gesamte Stadt verteilt zu bewundern, vorzugsweise an alten Fabrikgebäuden und Ruinen, Brücken und Unterführungen.

Der folgende Blog liefert eine umfangreiche **digitale Street-Art-Galerie** der Stadt:

› http://painteddetroit.tumblr.com

052de-as©FomaA - stock.adobe.com

Detroit für Genießer

Essen und Trinken

Das kulinarische Angebot in Detroit hat sich in den vergangenen Jahren massiv gewandelt. Heute zeichnet sich die Stadt durch eine äußerst **vielfältige Gastronomie** aus, die kaum Wünsche offenlässt.

Besonders günstig und überall zu haben ist zunächst deftiges **„bar food"**: Burger in allen Variationen und Frittiertes jeglicher Art. Frittiert wird wirklich alles, was Koch und Köchin in die Finger bekommen, von Gemüse und Käse über Essiggurken bis hin zu Geflügel, Fisch und natürlich Kartoffeln *(fries)*. Traditionell werden die frittierten Kalorienbomben in *baskets* (kleinen Körben) mit *dip* serviert. Das ist zwar nicht immer gesund, aber meistens sehr lecker.

Zu den regionalen Spezialitäten Detroits gehört der **Coney Dog**: Diese Form von Hot Dog geht vermutlich auf griechische Einwanderer zurück. Hunderte Restaurants bieten Varianten dieser Fast-Food-Kreation, die aus einem länglichen Brötchen mit einer Art Wiener bzw. Frankfurter Würstchen, einer Soße aus Rinderhack, rohen, gehackten Zwiebeln und mittelscharfem Senf besteht – besonders empfehlenswert sind in Detroit diese beiden Anbieter: s. S. 26.

Darüber hinaus ist Detroit ein Zentrum klassischer **Midwest-Küche** mit einer enormen Vielfalt an warmen und kalten Sandwiches, vom *Reuben* (*corned beef* und Sauerkraut) bis zum *Philly cheesesteak,* das eigentlich aus Philadelphia stammt. Die mitteleuropäischen Wurzeln der Küche des Mittleren Westens sind kaum zu leugnen: Sie ist generell eher fleischlastig, dazu werden vor allem Kartoffeln, Sauerkraut und *pickles* (eingelegtes Gemüse) gereicht. Eingelegt wird eigentlich alles, insbesondere aber Gurken.

Aus den **Großen Seen** kommen vor allem *perch* (Barsch) und *walleye* (Zander) auf den Tisch, delikat sind der milde *lake whitefisch* (Heringsmaräne), meist aus dem Lake Superior, und der mittlerweile seltener zu findende *smelt* (Stint).

Lust auf ein cheesesteak? Das ist auch in Detroit ein Klassiker.

Legendär in der US-amerikanischen Küche sind natürlich **Steaks.** Auch wenn Detroit in der Breite des Angebots nicht mit anderen Orten mithalten kann, Steak-Restaurants der Spitzenklasse gibt es natürlich auch hier.

Zum **Nachtisch** werden häufig Eiscreme, *pie* (Kuchen) oder *cake* (Torte) serviert, oft auch gemeinsam in einer Heiß-Kalt-Kombination, die die Herzen von Schleckermäulern höherschlagen lässt.

Seit einigen Jahren entwickelt sich die sogenannte **New American cuisine**, eine junge, innovative Spielart der klassischen US-amerikanischen Küche. Die Szene legt nicht nur Wert auf Kreativität und gesünderes Essen, sondern auch auf Regionalität und Nachhaltigkeit. Einige der hier im Buch empfohlenen Restaurants haben sich dieser Kochkunst verschrieben.

Besonders präsent ist in Detroit außerdem die **Südstaatenküche**, etwa in Form von Barbecue bis hin zu (veganem) Soulfood. **Lateinamerikanische Kochkunst** (Tex-Mex-Küche) ist im Westen der Stadt (Mexicantown 42) stark. Besonders populär sind unter anderem *fajitas, tamales, tacos, enchiladas, nachos* oder *burritos.* Und wie in allen von Migration geprägten Gesellschaften spiegelt sich auch in Motown eine enorme Bandbreite an verschiedenen ethnischen Einflüssen im Kochtopf wider: aus Europa, den Amerikas und verschiedenen Teilen Asiens – von Sushi bis Phò (vietnamesische Nudelsuppe) bekommt man hier alles.

Ähnlich divers liest sich die **Getränkekarte.** Kaffeespezialitäten werden in immer vielfältigeren und ausgefalleneren Varianten serviert, auch die Zahl der *coffee shops,* die vor Ort selbst rösten, nimmt ständig zu. Mehrere Brauereien allein in Detroit (und noch viele mehr in Michigan und Umgebung) bieten unter der Bezeichnung **„craft beer“** eine beeindruckende Palette an Bierspezialitäten, darunter auch saisonale Kreationen. Wein ist ebenfalls sehr populär, hier wird insbesondere auf kalifornische oder importierte Tropfen zurückgegriffen. Selbst in einfachen Bars wird eine enorme Bandbreite an Cocktails in einer Qualität serviert, von der man in Europa oft nur träumen kann.

Kulinarischer Tagesablauf

Das klassische **Frühstück** besteht in Detroit aus einem Omelett, wahlweise gefüllt mit Fleisch, Käse und/oder Gemüse. Dazu gibt es oft Toast und *hash browns* (roh geriebene, gebratene Kartoffeln). Zum **Brunch** am Wochenende gehören auch *bacon* (Speck) und *breakfast sausages* (Würstchen). In der süßen Frühstücksvariante kommen etwa Waffeln mit Soße oder schlicht Haferbrei *(oatmeal)* auf den Tisch. **Lunch** besteht meist aus einem Sandwich – und davon gibt es schier endlose Variationen – oder aus einer Kombination von Suppe und Salat. Suppen sind überhaupt sehr beliebt und wer sich zu den Suppenfans zählt, sollte im Restaurant stets nach der *soup of the day* fragen. Richtig zugelangt wird dann in der Regel zum **Dinner,** zu dem in der Regel ein *appetizer* (Vorspeise) gereicht wird, gefolgt von

Gastro- und Nightlife-Areale

Bläulich hervorgehobene Bereiche in den Karten kennzeichnen Gebiete mit einem dichten Angebot an Restaurants, Bars, Klubs, Discos etc.

den *entrees* (Hauptspeisen). Gegessen wird früh, überwiegend zwischen 18 und 20 Uhr. Nach 22 bzw. 23 Uhr ist es bereits eine Herausforderung, in Detroit noch etwas Essbares aufzutreiben.

Im Restaurant

In Restaurants muss man in der Regel warten, bis ein **Tisch zugewiesen** wird. Ist das nicht der Fall, wird meist durch ein Schild extra darauf hingewiesen. Ist das Lokal voll, sollte man nach der **Wartezeit** fragen, die durchaus bis zu eine Stunde betragen kann. Entschließt man sich zu warten, wird meist nach dem Namen gefragt, der dann ausgerufen wird. Manche Restaurants verteilen auch Pager, die anfangen zu blinken, sobald ein Tisch frei wird.

Tipp: **Plätze an der Bar** können direkt angesteuert werden. Falls man es nicht vom Eingang aus selbst überblicken kann, sollte man fragen, ob dort Platz ist. Meistens ist auch dort die gesamte Speisekarte bestellbar.

Grundsätzlich bekommt der Gast, egal ob an der Bar oder am Tisch, noch vor der Bestellung ein Glas **Leitungswasser** serviert, das in Detroit übrigens qualitativ hochwertig ist und ohne Bedenken genossen werden kann. Falls das Wasser nicht automatisch kommt, kann man ohne Bedenken danach fragen – kostenloses Leitungswasser ist in den USA Standard und man wird keine schiefen Blicke ernten.

Am Ende der Mahlzeit sollte man das **Trinkgeld** *(tip, gratuity)* nicht vergessen: bei Zufriedenheit ca. 15–20 %, und zwar unabhängig von der Höhe der Rechnung.

Telefonische **Reservierungen** werden in vielen Restaurants angenommen, auch Online-Reservierungen sind zunehmend möglich.

Preiskategorien

Die angegebenen Preise beziehen sich auf ein Hauptgericht ohne Getränke. Mittagessen ist dank eines *lunch menu* oft preiswerter.

$	unter ca. $ 10
$$	ca. $ 10-$ 20
$$$	über $ 20

Restaurantempfehlungen

Amerikanische Küche

27 [C7] **Bobcat Bonnie's** $, 1800 Michigan Ave., Tel. 313 9621383, www.bobcatbonnies.com, Mo.–Mi. 11–22, Do. 11–23, Fr./Sa. 10–24, So. 10–21 Uhr. Hippe und freundliche Bar mit Restaurant im Herzen von Corktown **40**. Brunch, Suppen und Salate sowie eine große Auswahl an Sandwiches, Burgern und *New American cuisine* mit Einflüssen aus aller Welt. Das Bobcat legt Wert auf lokale Lebensmittel und hohe Qualität. Viele vegetarische Gerichte im Angebot.

28 [ei] **Craft Work** $$, 8047 Agnes St., Tel. 313 4690976, www.craftworkdetroit.com, Mo.–Sa. 16–24 Uhr. Benannt nach Kraftwerk, den deutschen Pionieren elektronischer Popmusik, bietet das im West Village nahe dem Indian Village **36** gelegene Restaurant kreative *New American cuisine* und eine reiche Auswahl an Bieren, Weinen und Cocktails. Szenetreff mit regelmäßiger Livemusik, vornehmlich Jazz und R'n'B aus Detroit. Im Sommer gibt es einen Außenbereich vor dem Lokal.

29 [bi] **Gold Cash Gold** $$, 2100 Michigan Ave., Tel. 313 2420770, www.goldcashgolddetroit.com, Di.–Do. 17–22, Fr./Sa. 17–24, So. 17–22 Uhr (Brunch Sa./So. 10–15.30 Uhr). *New*

053de-axs

⌃ *Downtowns Fast-Food-Institution: American Coney Island (s. S. 26)*

American cuisine vom Feinsten in einem ehemaligen Pfandhaus, serviert werden überwiegend regionale Produkte.

30 [B9] **Green Dot Stables** $, 2200 W Lafayette Blvd., Tel. 313 9625588, greendotstables.com, Mo.–Mi. 11–24, Do.–Sa. 11–1, So. 12–22 Uhr. Vor Jahren im einstigen Niemandsland zwischen West Industrial und Corktown eröffnet, hat das Lokal mittlerweile eine große Fangemeinde. Zur Wahl stehen *slider*, kleine burgerartige Sandwiches mit einer großen Bandbreite an Belag, von vegan bis Schweinebauch. Urige Atmosphäre, gemischtes Publikum, zivile Preise (zwei bis drei *slider* reichen zum Sattwerden). Zu Stoßzeiten muss man etwas auf einen Tisch warten, im Sommer kann man das im netten Biergarten im Freien tun.

31 [G9] **Joe Muer Seafood** $$$, im RenCen ❶, Suite 1404, Tel. 313 5676837, https://joemuer.com, Mo.–Do. 11–23, Fr. 11–24, Sa. 16–24, So. 16–22 Uhr. Wer sich was gönnen möchte, Fisch und Meeresfrüchte mag und dazu einen grandiosen Ausblick auf den Detroit River genießen will, der ist hier genau richtig.

32 [D8] **Mudgie's Deli and Wine Shop** $$, 1413 Brooklyn St./Ecke Porter St., www.mudgiesdeli.com, Mo.–Mi. 11–21, Do.–Sa. 11–23, So. 10–15 Uhr (mit Brunch). Kleiner, moderner Deli mit exzellenten Sandwiches und Wraps sowie einer kleinen, feinen Dinner-Karte. Sehr große Weinauswahl, über 100 Biere und Cocktails. Im Sommer steht ein ruhiger, kleiner Gastgarten zur Verfügung.

33 [G9] **Nathan's Deli** $, 581 E Jefferson Ave., Tel. 313 9623354, www.nathansdelidetroit.com, Mo.–Fr. 8–16 Uhr. Sehr zentrumsnaher, klassischer amerikanischer Deli mit ebenso klassischen, hervorragenden Sandwiches für Frühstück und Lunch. Ohne Schnörkel. Bedient vor allem die Angestellten in den nahen Bürotürmen Downtowns, daher nur unter der Woche geöffnet.

34 [F8] **Roast** $$$, 1128 Washington Blvd., Tel. 313 9612500, www.roastdetroit.com, Mo.–Do. 17–22, Fr./Sa. 17–23, So. 17–21 Uhr. „Detroits feinstes Steakhouse", so die Eigenwerbung und nicht wenige würden dem zustimmen. Das Restaurant ist Teil des Hotels Westin Book Cadillac Detroit (s. S. 129).

35 [F7] **SavannahBlue** $$, 1431 Times Sq., Tel. 313 9260783, http://savannahbluedetroit.com, Mo.–Do. 16–23, Fr./Sa. 16–24, So. 11–21 Uhr (mit Brunch). *Soulfood* aus den US-amerikanischen Südstaaten: viel Reis, Meeresfrüchte und Fisch bis hin zu Ochsenschwanz und Burgern.

36 [fi] **Sindbad's** $$, 100 St. Clair St., Tel. 313 8228000, http://sindbads.com, tägl. 11–23 Uhr. Ein ungewöhnlicher Ort, insbesondere aufgrund des

Ambientes. Seit 1949 direkt an einem kleinen Jachthafen am Detroit River gelegen, bietet das Restaurant einen herrlichen Blick über den Fluss und Belle Isle 38. Das Interieur ist *old school* und nautisch angehaucht. Das Essen ist deftig, klassisch amerikanisch und gut: Burger, Steaks, Sandwiches, *seafood*. Experimentelles der *New American cuisine* ist hier weit weg.

37 [bi] **Slows BarBQ** $, 2138 Michigan Ave., Tel. 313 9629828, http://slowsbarbq.com, So.–Mi. 11–22, Do.–Fr. 11–23, Sa. 11–24 Uhr. Geöffnet seit 2005, war das Lokal Pionier auf der Michigan Avenue in Corktown. Heute finden sich dort Dutzende Restaurants und das Slows selbst hat mittlerweile expandiert. Slows bietet, wie der Name bereits sagt, langsam (und täglich frisch) geräucherte BBQ-Spezialitäten der Extraklasse, dazu eine große Auswahl an *Craft beer* und Weinen. Vor allem für Fleischesser empfehlenswert.

38 [dj] **The Rattlesnake Club** $$$, 300 River Place Dr., Tel. 313 5674400, http://rattlesnakedetroit.com, Di.–Do. 11.30–21, Fr. 11.30–22, Sa. 17.30–22 Uhr. Sehr schön in unmittelbarer Nähe des Riverwalk gelegen. Ausgezeichnete Steaks, *seafood* und Pasta-Spezialitäten. Besonders toll ist der kleine Gastgarten mit Blick auf den Detroit River, daher besonders geeignet für ein Dinner an einem lauen Sommerabend.

Mexikanische Küche

39 [ai] **Armando's** $, 4242 Vernor Hwy., Tel. 313 5540666, http://armandosmexicantown.com, Mo.–Mi. 10.30–24, Do. 10.30–2, Fr./Sa. 10.30–4, So. 10.30–2 Uhr. Rustikales Tex-Mex-Restaurant mit großer Auswahl an Speisen. Das Lokal besteht seit 1967 und gehört zu den ältesten Adressen in Mexicantown 42. Bekannt für seine Cocktails.

40 [ai] **El Rancho** $, 5900 Vernor Hwy., Tel. 313 8432151, www.elranchomexrest.com, tägl. 8–23, Fr./Sa. bis 24 Uhr. Seit 1983 in einem alten Backsteinhaus im Herzen von Mexicantown ist das El Rancho ein Klassiker unter den *Cantinas*. Große Auswahl an Tex-Mex-Gerichten, besonders gut sind die *fajitas*.

41 [bi] **Evie's Tamales** $, 3454 Bagley St., Tel. 313 8435056, tägl. 6–18 Uhr. Wie der Name verspricht, sind hier *tamales* (gefüllte, gedämpfte Maisteigfladen) die Spezialität des Hauses. Davon gibt es eine sehr große Auswahl und die Beliebtheit des kleinen Restaurants mit Wachstischdecken und bunt zusammengewürfeltem Mobiliar ist kein Zufall. Während sich Mitteleuropäer zum Frühstück normalerweise etwas anderes vorstellen, ist dieser Ort auf jeden Fall eine gute Wahl für das Mittagessen.

42 [bi] **Los Galanes** $, 3362 Bagley St., Tel. 313 554444, www.losgalanesdetroit.com, tägl. 11–23, Fr./Sa. bis 1 Uhr. Weithin sichtbar sind die Wand-

054de-axs

malereien auf dem Backsteingebäude, das seit 1967 diese mexikanische *Taqueria* beherbergt. Schöner Gastgarten, umfangreiche Speisekarte, lange Bar mit großer Auswahl an Cocktails, am Wochenende lateinamerikanischer Tanz.

43 [bi] **Xochimilco** $, 3409 Bagley St., Tel. 313 8430179, www.facebook.com/XochimilcoDetroit, tägl. 11–2 Uhr. Klassisches Tex-Mex-Restaurant in einem alten Backsteingebäude. Große Auswahl an deftigen Speisen, sehr gut sind hier die *burritos*.

Weitere Küchen

44 [F9] **AK Takeaway** $, 150 W Jefferson Ave., Tel. 313 7713030, http://anitaskitchenonline.com, Mo.–Fr. 8–16 Uhr. Downtown-Filiale des Restaurants Anita's Kitchen. Gutes aus der libanesischen Küche, hier vorwiegend zum Mitnehmen, einige kleine Tische zum Essen vor Ort sind jedoch vorhanden.

45 [I5] **Amore da Roma** $$, 3401 Riopelle St., Tel. 313 831-5940/-5941, www.amoredaroma.com, Mo.–Do. 11–22, Fr./Sa. 11–23, So. 11–20 Uhr. Eröffnet 1890, hat das Roma in all den Jahrzehnten nur dreimal den Besitzer gewechselt, das letzte Mal 2017. Seitdem heißt es Amore da Roma. Ausgezeichnete italienische Küche am Rande des Eastern Market 31. Manchmal hat man das Gefühl, die Sopranos sitzen am Nebentisch.

46 [G9] **Andiamo** $$$, im RenCen 1, Suite A-403, Tel. 313 5676700, http://andiamoitalia.com/detroit-riverfront, Mo.–Do. 11–23, Fr. 11–24, Sa. 12–24, So. 14–21 Uhr. Hervorragende norditalienische Gerichte, Spezialität des Hauses ist Pasta. Der Blick über den Detroit River nach Kanada ist unschlagbar. Nicht preiswert, angesichts der Lage aber nicht so wahnsinnig teuer. Oft Livemusik.

47 [dj] **Bucharest Grill** $, 2684 E Jefferson Ave., Tel. 313 9653111, www.bucharestgrill.com, Mo.–Fr. 10–23, Sa./So. 11–23 Uhr. Seit 2006 in Detroit, mittlerweile lokale Kette mit mehreren Filialen. Die hier angegebene Adresse bietet viel Platz, auch zum Sitzen. Das zentrale Gericht ist das Schawarma (arabischer Döner) mit Hähnchen, Rind oder vegetarisch. Erhältlich sind zudem Falafel, Burger und Salate.

48 [ai] **Flowers of Vietnam** $$, 4430 Vernor Hwy., Tel. 313 5542085, http://flowersofvietnam.com, Mi.–So. 17–23 Uhr. Preisgekrönter Vietnamese mitten in Mexicantown. Kleine und feine Karte. Vor allem am Wochenende ist eine Reservierung anzuraten.

49 [F8] **Maru Sushi & Grill** $$, 160 W Ford St., Tel. 313 3153100, www.marusushi.com/location/detroit, Mo.–Do. 11–22, Fr. 11–24, Sa. 15–24, So. 16–20 Uhr. Guter Japaner. Neben Sushi auch andere Reis- und Nudelgerichte, Schmackhaftes aus dem *hibachi* (Holzkohleofen), Salate und Suppen. Exzellente Cocktails.

50 [G8] **New Parthenon** $$, 547 Monroe St., Tel. 313 9638888, www.newparthenon.com, tägl. 11–3 Uhr. Griechisches Familienrestaurant im Herzen von Greektown 17. Umfangreiche Speisekarte, hat alle griechischen Klassiker parat und ist bis tief in die Nacht geöffnet – an Wochenenden oft voll besetzt. In der Nachbarschaft finden sich weitere griechische Lokale, dieses aber zählt zu den besten.

51 **Norma G's** $$, 14628 E Jefferson Ave., Tel. 313 2902938, www.normagscuisine.com, Di.–Do. 16.30–22, Fr./Sa. bis 22.30 Uhr. Die ganze Vielfalt der karibischen Küche auf dem Teller. Fleisch,

El Rancho: Kaum ein Restaurant in Mexicantown 42 kommt ohne Murals (Wandbilder) aus

aber auch viele vegane Gerichte, dazu monatliche Spezialangebote. Mit Terrasse im Sommer. Wer will, kann sogar einen Kochkurs besuchen.

52 [C7] **Ottava Via** $$, 1400 Michigan Ave., Tel. 313 9625500, www.ottavavia detroit.com, tägl. 11–23, Fr./Sa. bis 24 Uhr (Brunch Sa./So 11–15 Uhr). Sehr guter Italiener, weit entfernt von pappiger *Deep Dish Pizza* oder Ähnlichem.

53 [dg] **Polonia Restaurant** $, 2934 Yemans St., Tel. 313 8738432, www.polonia-restaurant.net, Di.–Do. 11–20, Fr./Sa. 11–21, So. 12–19 Uhr. Gemütliches polnisches Restaurant in Hamtramck 45, sehr gute deftige Küche, auch vegetarische Angebote.

54 [F8] **Vicente's** $$, 1250 Library St., Tel. 313 9628800, www.vicentesdetroit.com, Mo.–Do. 11–22, Fr./Sa. 11–23 Uhr. Hervorragende kubanische Küche, umfangreiche Karte, exzellente Cocktails. Die Tische umstehen eine Tanzfläche, am Wochenende wird Salsa getanzt.

Brauereien mit Gastronomie

55 [dj] **Atwater Brewery** $, 237 Joseph Campau St., Tel. 313 8779205, www.atwaterbeer.com, Mo.–Do. 10–23, Fr./Sa. 10–24, So. 10–22 Uhr. Frisch gezapftes, vor Ort gebrautes Bier und einfache Gerichte. Von der Bar blickt man direkt auf die dahinter stehenden Braukessel und kann beim Betrieb zusehen. Im Sommer sehr schöner Dachgarten, in unmittelbarer Nähe zum Riverwalk.

56 [C8] **Batch Brewing Company** $, 1400 Porter St., Tel. 313 3388008, www.batchbrewingcompany.com, Mo.–Do. 11–22, Fr./Sa. 11–24, So. 10–22 Uhr. Mitten in Corktown gelegen, braut Batch Brewing sein Bier hier vor Ort. Das Essen zum Gerstensaft ist innovativ und experimentell, mit Einflüssen aus aller Welt – und genauso verhält es sich auch mit der Kundschaft. Wohl die Brauerei mit der besten Küche in Detroit: Kochen ist hier keinesfalls nur Nebensache. Beliebt ist der Sonntagsbrunch. Keine Reservierungen.

57 [F7] **Detroit Beer Company** $$, 1529 Broadway St., Tel. 313 9621529, www.detroitbeerco.com, Mo.–Do. 11–24, Fr./Sa. 12–2, So. 12–24 Uhr. In Downtown nahe den beiden Sportstadien Comerica Park und Ford Field 16 gelegen, bietet die Detroit Beer Company neben frisch Gezapftem konventionelles Bar Food. Man sitzt nett im historischen Gemäuer über bzw. gegenüber den Braukesseln.

58 [E3] **Motor City Brewing Works** $, 470 W Canfield St., Tel. 313 8322700, http://motorcitybeer.com, Mo.–Do. 11–24, Fr./Sa. 11–1, So. 12–24 Uhr. An dieser Stelle in Midtown seit 1997. Neben Bier werden vor Ort auch Wein und Limonaden produziert, die alle im Restaurant erhältlich sind. Das Essensangebot beschränkt sich weitgehend auf Pizza, die allerdings durchaus empfehlenswert ist.

59 [E3] **Traffic Jam & Snug** $$, 511 W Canfield St., Tel. 313 8319470, www.trafficjamdetroit.com, Mo.–Do. 11–22, Fr./Sa. 11–24, So. 11–20 Uhr. Seit 1964 in Midtown, sehr uriges Ambiente und große Auswahl an Speisen. Eine Sorte von direkt im Haus gebrautem Bier, neben einer größeren Auswahl an *guest brews* (Bier anderer Brauereien). Eigene Bäckerei.

Cafés

63 [B8] **Anthology Coffee** $, 1401 Vermont St., http://anthologycoffee.com, Mo.–Fr. 9–18, Sa./So. 9–16 Uhr. Noch in Corktown, zieht der Röster bald in den Eastern Market (1948 Division St.) um. Bitte Website beachten! Es lohnt sich, denn der Kaffee ist erstklassig. Die Boh-

EXTRATIPPS

Lecker vegetarisch und vegan

Für Vegetarier und Veganer ist in Detroit hervorragend gesorgt. Praktisch jedes Restaurant bietet fleischlose Optionen an. Besonders empfehlenswert für Vegetarier sind **Bobcat Bonnie's** (s. S. 78) und **Green Dot Stables** (s. S. 79). **Brooklyn Street Local** und **Rose's Fine Food** (beide s. S. 84) sind auf vegetarisches und veganes Frühstück sowie Brunch spezialisiert, **Bucharest Grill** (s. S. 81) bietet vegetarische Sandwiches. Weitere Empfehlungen:

60 [ei] **Detroit Vegan Soul** $$, 8029 Agnes St., Tel. 313 6492759, www.detroitvegansoul.com/home, Di.–Sa. 12–20 Uhr. Seit einigen Jahren im historischen West Village, bietet das Lokal veganes Soul Food aus den US-amerikanischen Südstaaten.

61 [E1] **Gold 'n' Greens** $, 695 Williams Mall, Tel. 313 5774200, https://wayne.campusdish.com/LocationsAndMenus/GoldnGreens, Mo.–Do. 8–19.30, Fr. 8–14 Uhr. Die vegetarische Mensa der Wayne State University in Midtown für preisbewusste Besucher. Hier gibt es auch religionskompatible Diät (koscher, halal).

62 [F2] **Seva** $$, 66 E Forest Ave., Tel. 313 9746661, www.sevarestaurant.com/detroit, Mo.–Do. 11–22, Fr./Sa. 11–23, So. 12–21 Uhr (Brunch So. 12–16 Uhr). Das vegetarische Restaurant wurde 1973 in Ann Arbor gegründet und eröffnete 2011 eine Filiale in Midtown. Wöchentliche Spezialangebote, mehr als die Hälfte der Karte ist entweder vegan oder als vegane Variante erhältlich.

Dinner for one

Generell ist es für ein Essen allein immer zwangloser **an der Bar**, dann fällt auch das ganze Trara mit Wartezeit und Tischzuweisung weg. Und eine Bar gibt es in fast allen hier empfohlenen Restaurants. Weniger üblich ist das Speisen an der Bar nur in mexikanischen Lokalen. Dort ist es aber wiederum selten unangenehm, allein am Tisch zu sitzen. Besonders geeignet für Alleinreisende sind die Lokale **Bucharest Grill** (s. S. 81) und **Gold 'n' Greens** (s. links). Auch die ungezwungene Atmosphäre in **Bobcat Bonnie's** (s. S. 78) kommt allein Speisenden zugute.

Lokale mit guter Aussicht

In Detroit gibt es noch erstaunlich wenige Restaurants, die Stadt und Wasser in Szene setzen. Das wird sich wohl in den kommenden Jahren ändern. Schlemmen mit Ausblick kann man derzeit vor allem hier:

- **Andiamo** (s. S. 81): Blick aus dem RenCen 1 über den Detroit River nach Kanada
- **Atwater Brewery** (s. S. 82): Aussicht vom Dachgarten auf den Fluss
- **Joe Muer Seafood** (s. S. 79): ebenfalls im RenCen 1 untergebracht, mit grandiosem Flussblick
- **Sindbad's** (s. S. 79): Tische an der Glasfront mit Panorama vom Detroit River und Jachthafen
- **The Rattlesnake Club** (s. S. 80): schöne Sicht über das Wasser östlich von Downtown

Für den späten Hunger

Für hungrige Nachtschwärmer ist in den USA allgemein weniger gut gesorgt als in europäischen Metropolen: Nach 22 bzw. 23 Uhr wird es schwierig. In Detroit wird man dann vor allem in Greektown 17 und in Mexicantown 42 fündig, beispielsweise hier:

- **Armando's** (s. S. 80)
- **Green Dot Stables** (s. S. 79)
- **New Parthenon** (s. S. 81)
- **Xochimilco** (s. S. 81)

nen in verschiedenen Variationen und Sorten können natürlich auch gekauft werden.

64 [D7] **Brooklyn Street Local** $, 1266 Michigan Ave., Tel. 313 2626547, www.brooklynstreetlocal.com, Di.–Fr. 8–15, Sa./So. 9–15 Uhr. Köstlicher Kaffee und hervorragendes Frühstück mit hohem qualitativen Anspruch. Lokale Produkte, ungewöhnliche Kreationen, sehr nette Atmosphäre, gelegen ziemlich genau zwischen Downtown und Corktown. WLAN.

65 [D7] **Detroit Institute of Bagels** $, 1236 Michigan Ave., Tel. 313 7887342, www.detroitinstituteofbagels.com, Mo.–Fr. 7–15, Sa./So. 8–15 Uhr. Der Name macht kein Geheimnis: Hier gibt es hausgemachte Bagels in einer Vielzahl von schmackhaften Varianten.

66 [fi] **Rose's Fine Food** $$, 10551 E Jefferson Ave., Tel. 313 8222729, http://rosesfinefood.com, Mo./Mi./Do. 8–15, Fr.–So. 8–17 Uhr. Auch hier werden überwiegend lokale Produkte verwendet, oft in Bioqualität. Kleine, aber feine Karte, Frühstücksangebote mit höchst kreativen Kombinationen, exzellenter Kaffee. Unweit von Detroit River, Indian Village und Belle Isle.

67 [F3] **The Great Lakes Coffee Roasting Company** $, 3965 Woodward Ave., Tel. 313 8319627, https://greatlakescoffee.com, Mo.–Do. 7–23, Fr. 7–24, Sa. 9–24, So. 10–20 Uhr. Exzellenter Kaffee, große Auswahl, alles Fair Trade. Eine weitere Filiale gibt es im Cobo Center 2.

68 [F7] **Urban Bean Co.** $, 200 E Grand River Ave., www.urbanbeanco.com, Mo. 7–19, Di./Mi. 7–22, Do. 7–19, Fr. 7–21, Sa. 9–17, So. 10–15 Uhr. Mitten im Zentrum Detroits lockt dieses ungewöhnliche Café mit 1970er-Jahre Retro-Schick: Holzfurnier an der Wand, orangefarbene Plastikstühle, psychedelischer Teppich. Und großartiger Kaffee.

Detroit am Abend

Nachtleben

Detroit bietet auch am Abend etwas für jeden Geschmack. Das Angebot für Nachtschwärmer ist dabei über das gesamte Stadtgebiet verteilt, allerdings konzentriert es sich in Teilen Downtowns (z. B. **Greektown** 17) und Midtowns (an der **Woodward Ave.** [F1–6]), in **Corktown** 40 (entlang der **Michigan Ave.** [C7]) und im **Rivertown-Warehouse District** [J9].

Die Grenzen sind oft fließend: Viele Bars und Restaurants bieten mehrmals in der Woche Livemusik, viele Bühnen dienen als Bars, wenn gerade kein Konzert stattfindet und manche Konzerträume verwandeln sich am Wochenende in Klubs. Die folgende Kategorisierung beruht auf der überwiegenden Nutzung, für aktuelle Infos lohnt ein Blick auf die Website.

Bars

69 [dj] **Andrews on the Corner,** 201 Jos Campau St., www.andrewsonthecorner.com, Mo.–Do. 11–24, Fr./Sa. 11–2, So. 11–21 Uhr. In Familienbesitz seit 1918, hat diese Bar so einiges erlebt. Und das merkt man ihr an, im besten Sinne. Die Atmosphäre ist urig, es gibt typisches Bar Food, der Chef steht meist selbst mit hinterm Tresen. Bei Eishockeyfans sehr beliebt, vor Heimspielen ist hier der Teufel los.

70 [F7] **Cafe D'Mongos Speakeasy,** 1439 Griswold St., Facebook-Seite, Do. 17.30–23, Fr. 17–1.30, Sa. 19–1.30 Uhr. Außergewöhnliche Bar und eine Institution in Motown. Das Interieur ist eklektisch und schrill, die Gäste sind auf jeden Fall Ersteres und viele auch Letzteres. Die Drinks sind gut und sehr günstig. Oft Livemusik. Angeblich Quentin Tarantinos Lieblingsbar in Detroit.

71 [F7] **Cliff Bell's,** 2030 Park Ave., www.cliffbells.com, Di.-Do. 17-24, Fr. 17-1, Sa. 17-1.30, So. 11-22 Uhr (Brunch). Ein absolutes Muss für Liebhaber des Art déco ist diese Jazzbar aus den 1920er-Jahren. Sie teilte das Schicksal vieler Gebäude in der näheren Umgebung und war zwischen 1985 und 2005 geschlossen. Heute erstrahlt sie wieder in altem Glanz. Häufig Livemusik.

72 [I6] **Detroit City Distillery,** 2462 Riopelle St., www.detroitcitydistillery.com, Di. 14-23, Mi.-Do. 16-23, Fr. 14-24, Sa. 10-24, So. 12-18 Uhr. Die Probierstube der noch jungen, im Eastern Market ansässigen Brennerei. Produziert werden Gin, Wodka und Whiskey (Bourbon und Rye). Die Tropfen können in allerlei Variationen probiert werden, natürlich steht das gesamte Sortiment hier auch zum Verkauf. Am Samstag werden geführte Touren durch die Produktionshallen angeboten (Infos s. Website).

73 [G8] **Exodos Rooftop,** 529 Monroe Ave., http://exodosrooftop.com, Di.-So. 17-2 Uhr. Bar und Lounge im Herzen Greektowns. Wechselnde DJs und oft Livemusik. Schöner Ausblick auf das Treiben im Viertel, gut bestückte Bar.

74 [F8] **Grand Trunk,** 612 Woodward Ave., http://grandtrunk.pub, Mo.-Fr. 11-2, Sa./So. ab 10 Uhr. Das Gebäude war über Jahrzehnte Ticketschalter der Grand Trunk Railroad, seit den 1930ern beherbergt es eine urige Bar unter hohem Deckengewölbe und mit viel Holzvertäfelung. Große Bierauswahl und deftiges Bar Food von Dips über Burger bis *shepherd's pie* (Hack-Kartoffel-Auflauf).

Bars und Kunst unter freiem Himmel: The Belt **10** *ist auch für Nachtschwärmer interessant*

Smoker's Guide

Kasinos sind die einzigen öffentlichen Orte in Michigan, in denen nach wie vor geraucht werden darf und nicht wenige Besucher tun das auch, als gäbe es kein Morgen. Ansonsten ist Rauchen zwar nach wie vor gängige Praxis, wird aber aus dem **öffentlichen Raum** zunehmend verdrängt. Raucht man beispielsweise vor einem Restaurant, sollte man sich seine Zigarette möglichst weit vom Eingang entfernt anzünden. Selbst wer unter freiem Himmel raucht, wird zumindest tagsüber nicht selten schief angesehen. Eine Ausnahme bilden abends die meist **informellen Raucherbereiche vor Bars und Konzertsälen.**

055de-axs

75 [G8] **Greenwich Time Pub,** 130 Cadillac Sq., http://greenwichtimepub.wixsite.com/bargrill, Mo.-Do. 11-24, Sa./So. 11-2 Uhr. Eröffnet von einem albanischen Einwanderer in den 1960ern, ist die Bar seither weitgehend unverändert und entsprechend Old School wie charmant. Zwangloser geht's kaum, ideal für einen Absacker.

76 [bi] **Motorcity Wine,** 1949 Michigan Ave., http://motorcitywine.com, Mo.-Di. 16-24, Mi.-Do. 14-1, Fr./Sa. 14-2, So. 16-24 Uhr. Dieser Laden ist vieles: Weingeschäft, Bar, Konzertbühne, Biergarten und Nachtklub in einem. Aktuelles Programm s. Website.

77 [F3] **The Ghostbar,** 4421 Woodward Ave., www.thewhitney.com/ghostbar, Mo.-Mi. 16.30-22, Do. 16.30-24, Fr. 16.30-1, Sa. 12-1, So. 13-21 Uhr. Im zweiten Stockwerk des feinen Restaurants Whitney an der Woodward Avenue, untergebracht im ehemaligen, 1894 erbauten Wohnhaus des steinreichen David Whitney Jr., der auch für das David Whitney Building **13** verantwortlich zeichnet. Entsprechend prunkvoll ist das Interieur aus handgeschnitztem Holz, prunkvollen Leuchtern, bleigefasstem Buntglas etc. Exzellente Cocktails in einmaliger Atmosphäre. Livejazz Do.-Sa. ab 21 Uhr.

78 [G8] **The Keep,** 140 Cadillac Sq., tägl. 17-2 Uhr. Cocktails in einer typischen Detroiter Bar, soll heißen: in unaufgeregter Atmosphäre. Man wartet auch mal länger auf seinen Drink. Was manchen servicebesessenen US-Amerikaner zur Weißglut bringt, ist für andere genau der Grund, überhaupt dort hinzugehen.

79 [G8] **The Skip,** The Belt Alley, www.theskipdetroit.com, Di.-Do. 11.30-24, Fr./Sa. 11.30-2, So. 16-24 Uhr. Hippe Bar in der Mitte von The Belt **10** mit hervorragenden Cocktails, großer Bierauswahl und kleinen Snacks. Die Atmosphäre inmitten erstklassiger Street-Art ist toll, insbesondere in lauen Sommernächten sitzt und plaudert es sich hier wunderbar.

80 [F8] **The Whiskey Parlor,** 608 Woodward Ave., www.whiskyparlor.com, Di.-Sa. 17-2 Uhr. Sehr nette und gemütliche Whiskey-Bar im ersten Stock eines alten Backsteingebäudes. In warmen Farben gehalten, mit viel Holz und schönem Mobiliar. Livejazz am Donnerstag und Samstag, DJ-Sets mit Vinyl am Freitag.

EXTRATIPP

Motor City Soul Club

An wechselnden Orten finden **einmal monatlich** sogenannte **Soul Stomps** statt. Ziel der **Tanzveranstaltung** ist es, den Besuchern seltene und unbekannte Soul-Titel, hauptsächlich aus Motown Detroit, nahe zu bringen. Wechselnde DJs legen ausschließlich Vinyl-Tonträger auf, zu denen Besucher fast aller Altersstufen das Tanzbein schwingen. Die beliebten Abende sind eine hervorragende Möglichkeit, nicht nur auf unkonventionelle Weise in die reiche Musikkultur der Stadt hinein zu schnuppern, sondern auch mit Detroitern jeglicher Couleur ins Gespräch zu kommen.

› **Infos, Termine und Orte:** www.facebook.com/motorcitysoulclub

Klubs und Discos

81 [F7] **Bleu Detroit,** 1540 Woodward Ave., http://bleudetroit.com, Do.-Sa. 10-2 Uhr. Das gibt es nur in Detroit: Ein Etablissement dieser Art mitten in Downtown auf einem Sahnegrundstück der historischen Woodward Avenue. Klassischer Nachtklub, drei Ebenen, eklektische Musikauswahl.

82 [E7] **Leland City Club Detroit,** 400 Bagley St., www.lelandcityclub.net/home.php, Fr./Sa. 10-4.30 Uhr. Dunkler Industrial Club im Keller eines ehemaligen Luxushotels aus den 1920er-Jahren. Seit rund 20 Jahren in Betrieb, hat der Klub bei den Fans des Genres einen legendären Ruf.

› **Motorcity Wine** (s. S. 86): Bar und Klub in einem. Samstagnacht gibt es oft minimalistische Electro-Klänge vom Plattenteller, Freitag meist Jazzkonzerte.

83 [F7] **Whiskey Disco,** 2 John R St., www.facebook.com/whiskeydiscodetroit, tägl. 21–2 Uhr. Meist Electro, stets ausgesprochen tanzbare Musik mit wechselnden DJs. Vor allem zum Movement Festival (s. S. 95) platzt der Laden aus allen Nähten.

Livemusik

84 [ai] **El Club,** 4114 Vernor Hwy., www.elclubdetroit.com, tägl. 19–2, Mo. nur bis 24 Uhr. Bühne für Rock- und Popkonzerte im weitesten Sinn, Fokus auf Indie und Alternative. Sehr umfangreiches Programm, schöner Außenbereich mit Lagerfeuer, Food Trucks und Bänken. Gelegen mitten in Mexicantown.

15 [F6] **Fox Theatre.** Hier werden neben Comedy- und Musicalaufführungen Pop-Konzerte im weitesten Sinne veranstaltet (s. S. 31).

85 [bh] **Marble Bar,** 1501 Holden St., www.facebook.com/marblebardetroit, tägl. 20–2 Uhr. Konzertbühne und Bar in einer alten Halle unweit von New Center. Viel Livemusik, aber auch DJ-Sets und Partys quer durch alle Stilrichtungen. Auch die deutschen Krautrocker von Faust, Ikonen in Detroit, waren hier bereits mehrmals zu Gast.

86 [G7] **Music Hall und Aretha's Jazz Cafe,** 350 Madison Ave., www.musichall.org. Das Jazz Cafe in der Music Hall wurde zu Ehren Aretha Franklins Ende 2018 nach ihr benannt. Die verstorbene Queen of Soul war dort Ende 2017 zum letzten Mal aufgetreten. Auf der kleinen Bühne spielen nicht nur Jazz-Acts, es gibt auch etwa Puppentheater für Erwachsene. In der großen Music Hall, ein weiteres Detroiter Prunkstück aus den späten 1920ern, finden neben Konzerten auch Theatervorführungen und Lesungen statt.

87 [F7] **The Fillmore Detroit,** 2115 Woodward Ave., www.thefillmoredetroit.com. Eröffnet 1925 als Kino namens State Theater und erst seit 2007 mit dem heutigen Namen, in Anlehnung an die berühmten Fillmore-Konzertbühnen der 1960er-Jahre in New York und San Francisco. Entworfen im Stil der Neorenaissance, sind viele der Originalgestaltungselemente im Saal erhalten. Das Foyer wurde um 1960 modernisiert. Das Fillmore umfasst heute knapp 3000 Plätze und bietet vor allem gitarrenlastige Rockkonzerte bekannterer Acts. Lage in Downtown neben dem Fox Theatre.

88 [F3] **The Majestic und The Magic Stick,** 4120–4140 Woodward Ave., www.majesticdetroit.com. Hinter der Art-déco-Fassade verbergen sich zwei Bühnen: das Majestic und der etwas kleinere Magic Stick. Viel elektronische Musik, im kleineren Magic Stick treten eher Indie-Acts auf.

89 [dh] **The Raven Lounge,** 5145 Chene St., http://theravenloungeandrestaurant.com, Livemusik Do.–Sa. 21–2 Uhr. Die älteste noch existierende Blues-Bar in Michigan. Zu erleben gibt es Blues vom Feinsten. Mit Restaurant.

Kasinos

Ein elementarer Bestandteil des Detroiter Nachtlebens sind die Kasinos. Bei den hier empfohlenen Locations handelt es sich nicht nur um riesige Spielhallen mit Roulette, Black Jack, einarmigen Banditen und Co., sondern sie beherbergen auch **Hotels, Restaurants, Cafés, Bars** und **Klubs.** Als ältestes, größtes und edelstes Kasino Detroits gilt das **MGM Grand,** das 1999 als erstes Luxuskasino außerhalb von Las Vegas eröffnet wurde.

- **90** [G8] **Greektown Casino,** 555 E Lafayette Ave., www.greektowncasino.com
- **91** [D7] **MGM Grand,** 1777 3rd Ave., Tel. 877 8882121, www.mgmgranddetroit.com
- **92** [bi] **Motorcity Casino Hotel,** 2901 Grand River Ave., Tel. 866 7829622, www.motorcitycasino.com

Theater und Konzerte

Oper, Klassik, Musical

93 [F6] **City Theatre,** 2301 Woodward Ave., www.olympiaentertainment.com/venue/city-theatre-1. Das moderne Theater, eröffnet 2004, hat etwa 430 Plätze und bietet in erster Linie kleinere Musicalproduktionen, aber auch Comedy.

14 [F7] **Detroit Opera House.** Das Haus der Michigan Opera Company. Geboten werden Klassiker vom „Barbier von Sevilla" bis zum „Nussknacker", Tanztheater sowie zeitgenössische Opernproduktionen (s. S. 30).

› **Fisher Theatre im Fisher Building 25**, www.broadwayindetroit.com. Broadway-Musicals bekommt man in Detroit im altehrwürdigen Fisher Theatre zu sehen. Das Theater wurde Mitte des 20. Jh. modernisiert. Heute präsentiert es sich ausgesprochen schick, vom ursprünglichen Art déco ist allerdings nicht mehr viel übrig. Hier gastieren alle namhaften Broadway-Produktionen, der Saal bietet etwa 2100 Plätze.

94 [F4] **Max M. and Marjorie S. Fisher Music Center,** 3711 Woodward Ave., www.dso.org. Das Detroit Symphony Orchestra, gegründet 1887 und damit eines der ältesten Orchester der Vereinigten Staaten, spielt in dem seit 1919 bestehenden Konzertsaal. Erbaut wurde das Haus mit der gefeierten Akustik von C. Howard Crane, der auch für die großen Kinosäle der 1920er (Fox Theatre, Opernhaus, The Fillmore) verantwortlich zeichnet. Anfang der 2000er-Jahre wurden ein zweiter, moderner Konzertsaal sowie mehrere Verwaltungs- und Schulungsräume angefügt. Musikalischer Direktor des Detroit Symphony Orchestra ist Leonard Slatkin, u. a. früherer Chefdirigent des britischen BBC Symphony Orchestra.

Theater

95 [F4] **Detroit Public Theatre,** 3711 Woodward Ave., www.detroitpublictheatre.org. Die Non-Profit-Bühne existiert seit 2015 und wird finanziert aus öffentlichen Mitteln und durch private Stiftungen. Sehr renommiertes Programm. Teilt die Bühne mit dem Detroit Symphony Orchestra.

96 [A7] **Matrix Theatre,** 2730 Bagley St., www.matrixtheatre.org. Winziges Theater nahe der Ambassador Bridge mit etwa 50 Plätzen. Einige der Aufführungen – beispielsweise ein Stück zu den Unruhen 1967 – erregten große Aufmerksamkeit weit über die Stadtgrenzen hinaus.

Open-Air-Bühne

97 [J9] **Aretha Franklin Park Amphitheater,** 2600 Atwater St., https://cheneparkdetroit.com. Die erst kürzlich zu Ehren der Queen of Soul umgetaufte Grünanlage am Ufer des Detroit River (vorher: Chene Park) verfügt über eine wunderbare Bühne für herrliche Sommerkonzerte. Das Programm ist vielseitig und umfasst Pop im weitesten Sinne, für aktuelle Infos lohnt sich ein Blick auf die Website.

Kunstvolle Ansichtskarten: Angebot im City Bird (s. S. 91)

Ticketverkaufsstellen

Die folgenden **Online-Ticketbörsen** bieten eine Auswahl an Eintrittskarten für Konzerte und Veranstaltungen aller Art (auch Sport) mit guter Suchfunktion:

- **Stub Hub:** www.stubhub.com/detroit-tickets
- **Ticket City:** www.ticketcity.com/cities/detroit-tickets.html
- **Ticketmaster:** www.ticketmaster.com/search?q=Detroit

Detroit für Shoppingfans

Als Einkaufsstadt war Detroit über Jahrzehnte nicht gerade bekannt. Nachdem spätestens in den 1970er-Jahren die einstigen großen Namen und Häuser geschlossen hatten oder in die Vororte umgezogen waren, war Downtown weitgehend verwaist. Das hat sich erst in den letzten Jahren geändert.

Nach wie vor sind große Shoppingmalls nur außerhalb der Stadtgrenzen zu finden. Im Detroiter Stadtgebiet allerdings haben sich in den letzten Jahren einige große Marken zurückgemeldet. Interessanter noch sind – zumindest für Detroit-Besucher – die mittlerweile zahlreich gewordenen Läden, die Waren mit dem **Label „Made in Detroit“** oder mit Detroit-Bezug verkaufen. Sie sind weit über die Stadt verstreut, wobei sich zugleich lokale Hot Spots gebildet haben.

In **Downtown** sind die lang verwaisten Schaufenster der **Merchant's Row** 9 nun wieder gut gefüllt mit den Produkten der ersten zurückgekehrten Konzerne wie mit denen kleiner, regionaler Unternehmen. Außerdem findet sich in der **West Canfield Street** [E–F3] in **Midtown** eine kleine Konzentration von interessanten Geschäften, ebenso wie auf der **Michigan Avenue** [C7] in **Corktown** 40. Der **Eastern Market** 31 ist selbstverständlich ebenfalls eine gute Adresse zum Shoppen, und zwar weit über Lebensmittel hinaus.

Beim Einkaufen gelten in den USA ein paar Regeln, die man aus Europa so nicht kennt. So ist z. B. die **Mehrwertsteuer** *(sales tax),* in Michigan

056de-axs

Shoppingareale

Die wichtigsten Shoppingbereiche der Stadt sind im Kartenmaterial mit einer rötlichen Fläche markiert.

in Höhe von 6 %, **nicht im Preis inbegriffen** und wird erst **an der Kasse aufgeschlagen.** Ausnahmen von dieser Regel gibt es, beispielsweise auf dem Wochenmarkt *(farmer's market)* oder in manchem kleinen Geschäft. Die meisten Läden öffnen an sieben Tage der Woche, kleinere Einzelhändler haben allerdings häufig sonntags geschlossen. Das Verkaufspersonal ist für gewöhnlich sehr aufmerksam: Oft wird man in großen Häusern mehrmals von verschiedenen Angestellten gefragt, ob man nicht Hilfe brauche oder Unterstützung wolle. An der Kasse großer Geschäfte oder Ladenketten ist es üblich, nach Rabatten *(discounts, deals)* bzw. Coupons zu fragen; man kann im Internet bereits vorab danach recherchieren.

Märkte

31 [I5] **Eastern Market.** Bestehend aus mehreren großen Markthallen, aber auch etlichen Groß- und Einzelhändlern in der direkten Umgebung. Hauptmarkttag ist Samstag 6–16 Uhr, Juni–Sept. auch So. 10–16, Di. 9–15 Uhr und Abendmarkt Do. 17–22 Uhr.

98 [E1] **Wayne State Farmer's Market,** 5201 Cass Ave., Mi. 11–16 Uhr. Netter, kleiner Wochenmarkt auf dem Campus der Wayne State University in Midtown.

Mode, Accessoires und Schmuck

› **Carhartt Flagship Store** (s. S. 40). In dem repräsentativen Laden in Midtown verkauft Carhartt die gesamte Produktpalette an Arbeits- und Skaterkleidung für den nordamerikanischen Markt.

99 [I6] **Cyberoptix,** 1440 Gratiot Ave., www.cyberoptix.com, Mo.–Sa. 11–19, So. bis 16 Uhr, abends nach Anmeldung (s. Website). In Detroit handgefertigte Krawatten sind das Hauptgeschäft dieses Unternehmens. Daneben gibt es Produkte von kleineren Partnern, wie Düfte oder Seife für den Herrn, aber auch Textilien mit Lokalkolorit, z. B. T-Shirts mit der Stadtflagge von Detroit.

100 [dj] **Detroit Denim,** 2987 Franklin St., https://detroitdenim.com, Di.–Sa. 11–19 Uhr. Hier gibt es vor Ort hergestellte Jeansprodukte höchster Qua-

Regionale Produkte auf dem Eastern Market 31

057de-axs

lität. Klassiker sind natürlich die Hosen: Schnitt auswählen, anprobieren, die Länge wird nach Belieben individuell angepasst (die Jeans sind noch nicht umgenäht). Außerdem gibt es Taschen, Westen und Jacken, Lederprodukte und anderes mehr – alles aus Detroit oder Umgebung.

101 [F7] **Détroit Is The New Black,** 1426 Woodward Ave., www.detroitisthenewblack.com, Mo.–Sa. 12–19, So. bis 18 Uhr. Wenn man in den USA *fancy* sein will, gibt man sich gern ein bisschen französisch (daher der *Accent aigu*). Die Anspielung auf die ethnische Mehrheit soll auch eine politische Botschaft sein. Der Name bezeichnet den Laden und das eigene Label. Verkauft werden aber auch weitere in Detroit hergestellte oder entworfene Mode- und Lifestyle-Produkte wie Beutel oder Mützen.

102 [F8] **Moosejaw,** 1275 Woodward Ave., www.moosejaw.com, Mo.–Sa. 10–20, So. bis 17 Uhr. Kaufhaus für Outdoorbekleidung und -ausrüstung mit großem Hip-Faktor in Downtown. Dutzende Marken stehen zur Auswahl. Besonderer Fokus auf Wandern, Klettern, Snowboarden und Camping.

103 [I6] **Orleans+ Winder,** 1410 Gratiot Ave., https://orleansandwinder.com, Di.–Fr. 11–18, Sa./So. 10–16 Uhr. Minimalistische, angesagte Boutique für Damenmode und Accessoires, gehobene (Preis-)Kategorie.

104 [I6] **SMPLFD,** 1480 Gratiot Ave., https://buy.smplfd.com, Di.–Fr. 11–19, Sa./So. 11–17 Uhr. Der Name soll das Wort *simplified* („vereinfacht", „vereinheitlicht") evozieren. Schicke Boutique mit coolen Produkten für alle Geschlechter und Altersgruppen, inkl. Detroit-Strampler für Babys.

058de-axs

Kultmarke: der Carhartt Flagship Store (s. S. 40)

105 [bh] **Xenophora,** 4719 16th St., Unit 1, www.xenophoraobjects.com, Di.–Sa. 11–17 Uhr. Außergewöhnlicher Schmuck von der Kette bis zum Ohrring *designed and made in Detroit.*

Souvenirs und Geschenke

106 [E3] **City Bird und Nest,** 460 W Canfield St., www.citybirddetroit.com, Mo.–Sa. 11–19, So. bis 18 Uhr. Zwei direkt nebeneinander liegende Läden teilen denselben Besitzer und dieselbe Adresse. Geschenkartikel aller Art mit Bezug zu Detroit oder Michigan, viele in der Stadt hergestellt. Sehr schön sind die aufwendig gestalteten Postkarten. Für Reisende dürfte City Bird interessanter sein.

› **Detroit Artists Market** (s. S. 74). Kunst aus Detroit für das besondere Mitbringsel oder einfach nur zum Ansehen. Vertrieben wird auch in Motown hergestellter Schmuck. Große Auswahl an interessanten, teilweise einzigartigen Objekten.

› **Pure Detroit,** http://shop.puredetroit.com. Die Kette wurde Ende der 1990er-Jahre in Detroit gegründet und hat mittlerweile mehrere Filialen in der Stadt. Verkauft werden Geschenkartikel überwiegend mit Detroit-Bezug: Textilien, Gläser, Nippes etc. Filialen gibt es u. a. im Cobo Center 2, im Fisher Building 25, im Guardian Building 6 und im RenCen 1 (Mo.–Sa. 10–18 Uhr, alle bis auf Cobo Center auch So. 11–17 Uhr).

107 [E3] **Shinola,** 441 W Canfield St., www.shinola.com, Mo.–Sa. 10–19, So. bis 17 Uhr. Hochwertige Uhren, Fahrräder und anderes, alles *made in Detroit*.

Vintage und Antiquitäten

108 [E6] **Detroit Antiques Mall,** 828 W Fisher Fwy., Di. und Sa. 11–17 Uhr. Dieser Ort ist eine Fundgrube für Außergewöhnliches und Skurriles. Man kann hier Stunden verbringen und stöbern.

109 [I6] **Eastern Market Antiques,** 2530 Market St., www.easternmarket.org/district/eastern-market-antiques, Di. 10.30–22, Mi.–Fr. 10–14.30, Sa. 8–16.30 Uhr. Antikmarkt mit über 20 Händlern in einem alten Backsteingebäude am Eastern Market. Fans von Americana werden hier fündig. Riesenauswahl an interessanten Dingen, die man ohne Probleme mit nach Hause nehmen kann – sowohl in puncto Gewicht als auch in Sachen Zoll.

110 [C7] **Eldorado,** 1700 Michigan Ave., www.eldoradogeneralstore.com, tägl. 12–18, Sa. bis 19 Uhr. Kleiner, schöner und hipper Antiquitäten- bzw. Vintage-Laden, u. a. mit Textilien, Schmuck und vielen anderen Schätzen, gesammelt auf Roadtrips durch die Vereinigten Staaten.

Musik

111 [C7] **Hello Records,** 1459 Bagley St., http://hellorecordsdetroit.com, Di.–Sa. 11–18, So. 12–16 Uhr. Kleiner, feiner Schallplattenladen in Corktown.

112 [I6] **Peoples Records,** 1464 Gratiot Ave., https://peoplesdetroit.com, Mo.–Sa. 11-19, So. 11–16 Uhr. Der größte Plattenladen in Detroit mit langer Geschichte, heute zwischen Eastern Market und Lafayette Park gelegen.

113 [E3] **Third Man Records,** 441 W Canfield St., https://thirdmanrecords.com, Mo.–Sa. 10–19, So. 11–17 Uhr. Einer der großen Schallplattenläden in der Stadt. Third Man hat neben Detroit auch eine Filiale in Nashville, Tennessee.

Bücher

39 [D8] **John K. King Used & Rare Books.** In Corktown die erste Adresse für alle Büchernarren.

114 [E3] **Source Booksellers,** 4240 Cass Ave., www.sourcebooksellers.com, Mo.–Sa. 11–19, So. 12–17 Uhr. Kleiner Independent-Buchladen mit angenehmer Atmosphäre in Uni-Nähe mit äußerst zuvorkommender und kenntnisreicher Inhaberin.

115 [G8] **Vault Of Midnight,** 1226 Library St., www.vaultofmidnight.com, Mo.–Sa. 10–22, So. 11–20 Uhr. Riesige Auswahl an Comics, die Filiale in Detroit hat erst vor Kurzem eröffnet.

Supermärkte

116 [A7] **Honey Bee Market La Colmena,** 2443 Bagley St., Corktown, www.honeybeemkt.com, Mo.–Sa. 8–20, So. 8–18 Uhr. Gut sortierter Supermarkt in Innenstadtnähe mit lateinamerikanischem Angebot.

117 [F4] **Whole Foods Market,** 115 Mack Ave., Midtown, www.wholefoodsmarket.com/stores/Detroit, tägl. 8–22 Uhr

Verwunschen und mit reichlich morbidem Charme: das Venedig Detroits in Jefferson-Chalmers

Detroit zum Träumen und Entspannen

Wenn Detroit heute etwas in Hülle und Fülle hat, dann ist es Platz. Hinzu kommt die idyllische Lage am Wasser, inmitten der Großen Seen. Das sind ideale Voraussetzungen, um in der Stadt Orte zum Verschnaufen und Erholen zu finden.

Zunächst ist hier die Flussinsel **Belle Isle** 38 im Detroit River mit ihren weitläufigen Parkanlagen zu nennen. Dort ist es auch am Wochenende bei schönem Wetter nie voll. Besonders auf der teilweise bewaldeten östlichen Spitze mit ihrer Lagune, den Kanälen und Teichen findet man stets ein ruhiges Plätzchen oder einen wenig genutzten Weg für einen Streifzug zu Fuß.

Der **Elmwood Cemetery** 34, nicht weit von Belle Isle auf dem Festland gelegen, lädt ebenfalls zu ausgedehnten Spaziergängen in ruhiger und verwunschen-schöner Umgebung ein. Dabei lassen sich imposante Grabmäler aus mehreren Jahrhunderten bewundern, ebenso wie uralte Bäume, deren Alter das der Stadt Detroit übertrifft.

Etwas urbaner, aber trotzdem kaum frequentiert sind die baumbestandenen Alleen zwischen den alten Prachtvillen des **Indian Village** 36. Entspannt flanieren kann man zudem in **Lafayette Park** 32, wo es angesichts der Weitläufigkeit und des geringen Autoverkehrs sehr ruhig zugeht.

Eine **Kajaktour** (s. S. 52) durch die alten Kanäle von **Jefferson-Chalmers** ist noch ein echter Geheimtipp – es könnte kaum entspannender sein als hier.

Aber auch in der Innenstadt gibt es Orte, die alles andere als überlaufen sind und wo man entspannt entlangschlendern kann. Die hübschen, bun-

059de-axs

ten Häuser südlich der **Michigan Avenue** [C7] in **Corktown** 40 etwa lassen sich im Rahmen eines reizvollen Spaziergangs erkunden, im Hintergrund die Skyline Downtowns. Und wenn es nicht gerade ein Sonntagnachmittag im Hochsommer ist, findet man in der Regel sogar direkt an der **Riverfront** 33 ein ruhiges Plätzchen, von dem aus man nach Kanada hinüberblinzeln kann.

Wer den **Eastern Market** 31 ganz in Ruhe ohne Menschenmassen erkunden will, sollte am Samstagmorgen um etwa 7 Uhr durch die Hallen schlendern. Dann sind alle Händler mit sich selbst beschäftigt, bauen ihre Stände auf und haben wohl ebenso wenig Interesse an einer ausgiebigen Unterhaltung wie man selbst.

Im unprätentiösen **Nathan's Deli** (s. S. 79) in Downtown hat man, abgesehen vom Mittagsansturm ab 12 Uhr, meist den Laden für sich allein. Ein einfacher Filterkaffee, vielleicht eines der exzellenten klassischen Sandwiches und schon kann man es sich in einer der mit rotem Kunstleder bezogenen Retro-Sitzbänke bequem machen sowie Zeitung lesen.

Wer sich gerade in Downtown aufhält, findet in den **Lafayette Greens** [F8], einem kleinen, urbanen Garten gleich hinter den beiden Coney-Dog-Restaurants (s. S. 26), mit Sicherheit ein ruhiges Plätzchen.

Naive Kunst und Urban Gardening: eine kleine Verschnaufpause in den Lafayette Greens [F8]

Zur richtigen Zeit am richtigen Ort

Das ganze Jahr über lockt Detroit mit einem spannenden und äußerst vielfältigen Veranstaltungsprogramm. Während der Sommer mit einem großen Angebot an Musikevents vor allem am Hart Plaza 3 lockt, zieht es im Winter viele Besucher zur Auto- und Bootsmesse in das Cobo Center 2. Unter **https://visitdetroit.com** kann man sich tagesaktuell über Veranstaltungen informieren.

Januar bis Mai

- **North American International Auto Show (Jan.):** Die NAIAS ist eine der größten Automobilausstellungen weltweit und lockt Autofans einmal jährlich ins Cobo Center. Ab 2020 wird die Veranstaltung voraussichtlich im Juni stattfinden (https://naias.com).
- **Winter Blast (Jan.):** Im tiefsten Winter Michigans, das heißt gewöhnlich bei viel Schnee und eisiger Kälte, gibt es rund um den Campus Martius 8 Riesenrutschen, Schlittschuhlaufen, Feuer mit Marshmallow-Grillen, zwei Bühnen mit Livemusik und weitere Spektakel (www.winterblast.com).
- **Detroit Boat Show (Feb.):** Bootsmesse im Cobo Center mit Hunderten von Ausstellern (http://detroitboatshow.net)
- **Marche du Nain Rouge (März):** Der *Nain Rouge*, der „rote Zwerg" (s. S. 13), wird jedes Jahr im Frühjahr aus der Stadt vertrieben (www.marchedunainrouge.com).
- **Metro Times Blowout (Ende April/Anf. Mai):** großes Rockmusikfestival, das parallel in drei Städten veranstaltet wird, neben Detroit in Hamtramck 45 und Ferndale (https://mtblowout.com)
- **Movement Detroit Electronic Music Festival (Mai):** jährliches Festival der elektronischen Musik. Die Hauptveranstaltung findet im Herzen Detroits auf dem Hart Plaza statt, über die ganze Stadt verteilt gibt es weitere Events (http://movement.us).

Feiertage

- **New Year's Day:** 1. Januar
- **Martin Luther King Jr. Day:** dritter Montag im Januar
- **President's Day (Washington's Birthday):** dritter Montag im Februar
- **Easter Sunday:** beweglicher Feiertag im März/April
- **Memorial Day:** letzter Montag im Mai (Beginn der Sommer-/Feriensaison)
- **Independence Day:** 4. Juli
- **Labor Day:** erster Montag im September (Ende der Sommer-/Feriensaison)
- **Columbus Day:** zweiter Montag im Oktober
- **Veterans Day:** 11. November
- **Thanksgiving Day:** vierter Donnerstag im November
- **Christmas Day:** 25. Dezember

An den meisten Feiertagen haben Behörden geschlossen, an Thanksgiving und Christmas Day auch alle Geschäfte. Feste Ladenöffnungszeiten gibt es nicht, sodass manche Geschäfte durchaus (zumindest halbtags, manchmal gerade wegen des Feiertags ganztags) geöffnet haben.

Juni bis August

- **Detroit Grand Prix (Anf. Juni):** nicht unumstrittenes Autorennen auf Belle Isle 38. Kritiker führen an, dass die Insel ein Naherholungsgebiet bleiben soll (http://detroitgp.com).
- **Great Lakes Chamber Festival (Juni):** jährlich stattfindendes Kammermusikfestival in und um Detroit (http://greatlakeschambermusic.org)
- **Indian Village Home & Garden Tour (Anf. Juni):** An zwei Tagen im Juni werden Inte-

062de-as©RuggedCoast - stock.adobe.com

ressierte im Indian Village 36 durch Villen und Gärten aus den 1920er-Jahren geführt (www.historicindianvillage.org).

- **Motor City Pride (Mitte Juni):** An jedem zweiten Juniwochenende lockt die Detroiter Pride Parade die LGBT+-Community und viele Gäste auf den Hart Plaza (http://motorcitypride.org).
- **Concert of Colors (Juli):** fünf Tage Weltmusikfestival in Midtown, organisiert und gesponsert von zahlreichen Museen (http://concertofcolors.com)
- **Hotter Than July (Juli):** einwöchiges Pride-Festival der afroamerikanischen LGBT+-Community (www.lgbtdetroit.org/hotterthanjuly)
- **Pig & Whiskey (Juli):** Im nördlichen Vorort Ferndale wird mit Barbecue, Whiskey vom Fass (!) und Livemusik ausgiebig und zünftig gefeiert (https://pigandwhiskeyferndale.com).
- **Detroit Hydrofest (Aug.):** Speedboot-Rennen auf dem Detroit River (http://detroitboatraces.com)
- **Woodward Dream Cruise (Aug.):** klassische Autoshow immer am dritten Samstag im August. Tausende Automobile von frühen Prachtschlitten bis zu aktuellen Modellen schlängeln sich über viele Kilometer entlang der Woodward Avenue, von der Stadt bis weit in die Vororte (www.woodwarddreamcruise.com).

September bis Dezember

- **Dally in the Alley (Sept.):** großes Straßenfest im Cass Corridor zwischen Cass und Woodward Ave. [F2–6] in Midtown mit Bands, Buden und Schaustellern immer am ersten Samstag nach Labor Day (https://dallyinthealley.com)
- **Detroit Jazz Festival (Ende Aug./Anf. Sept.):** Das Jazzfestival wird jedes Jahr am Labor-Day-Wochenende veranstaltet, das heißt vor dem ersten Montag im September. Der Beginn kann also auch auf Ende August fallen. Hauptveranstaltungsorte sind Hart Plaza und Campus Martius. Eintritt frei (www.detroitjazzfest.org)!
- **America's Thanksgiving Parade (Nov.):** seit 1924 jährlich stattfindende, viele Tausend Zuschauer anlockende Feiertagsparade zum Erntedankfest mit Blaskapellen, geschmückten Fahrzeugen und allerlei Kuriositäten (https://theparade.org).
- **Noel Night (Dez.):** Tag der offenen Tür und freier Eintritt bei über 100 teilnehmenden Museen, Galerien, Kirchen, Bildungsinstitutionen etc. in Midtown, immer am ersten Samstag im Dezember (www.noelnight.org)

Feuerwerk über Downtown

DETROIT VERSTEHEN

061de-axs

Detroit – ein Porträt

Nähert man sich Detroit aus der Luft, sticht dem Betrachter dessen Standort am Wasser unmittelbar ins Auge. Direkt am Detroit River gelegen, der Verbindung zwischen den Seen Huron, St. Clair und Erie, war die strategisch günstige Uferlage ebenso entscheidend für die Gründung wie für die weitere Entwicklung der Stadt.

Nach jahrzehntelanger Vernachlässigung der Uferbereiche öffnet sich **Motown** (kurz für *Motor Town*), so der Spitzname Detroits, heute wieder zum Wasser hin. Eine glitzernde Uferpromenade, neue und renovierte Parkanlagen sowie spektakuläre Freiluftbühnen prahlen der kanadischen Stadt Windsor auf der anderen Flussseite manchmal schon fast etwas zu protzig entgegen. Das **neue, funkelnde Ufer des Detroit River** ist zentrales **Symbol für den Aufbruch** der Stadt und für ihren Anspruch, als moderne und offene Metropole wiederzuerstehen.

Die Fahrt vom Flughafen in die Stadt offenbart dann allerdings, dass es bis zur Erfüllung dieses Anspruchs noch ein **weiter Weg** ist. Denn der Unterschied zwischen der Riverfront ❸❸ und vielen Stadtvierteln außerhalb von Downtown könnte größer kaum sein: wirtschaftlicher Niedergang, enormer Bevölkerungsschwund, Verfall, hohe Kriminalitätsraten, eine desolate Infrastruktur, das Fehlen bzw. der miserable Zustand öffentlicher Einrichtungen – die To-do-Liste für die proklamierte Wiedergeburt als lebenswerte Metropole, auch in der Breite und abseits der touristischen Zentren, scheint mitunter unendlich lang. Dem seit wenigen Jahren neu entflammten Optimismus in Detroit hat das allerdings bisher keinen Abbruch getan.

The D ist die größte Stadt des US-Bundesstaates **Michigan**, die Metropolregion beherbergt in etwa die Hälfte aller Einwohner des Staates. **Metro Detroit**, wie die Metropolregion um Detroit offiziell heißt, liegt in weitgehend flacher bis leicht hügeliger Landschaft, die wie die gesamte Region um die Großen Seen am Ende der letzten Eiszeit vor etwa 10 bis 12.000 Jahren geformt wurde. Als einzige US-amerikanische Metropole befindet sich Detroit **nördlich der kanadischen Grenze**, die hier in einem großen Bogen das südliche Ende der Provinz Ontario umschließt. Die Staatsgrenze verläuft in der Mitte des Detroit River, die Uferpromenade des Riverwalk [C–I9] (s. Riverfront ❸❸) markiert somit als wichtiger Orientierungspunkt das südliche Ende der Stadt.

◁ *Vorseite: Freimaurer-Figuren am Detroit Masonic Temple* ❷⓪

Vom zentral in der Downtown befindlichen Campus Martius 8 erstrecken sich die **Hauptverkehrsachsen Detroits strahlenförmig** über die Stadt und das Umland: In nordwestliche Richtung verläuft die **Woodward Avenue** [F1–9], einer der ältesten Highways der Vereinigten Staaten, und teilt die Stadt in eine östliche und eine westliche Hälfte.

Michigan, Grand River, Fort und Jefferson sowie, weiter östlich beginnend, Gratiot lauten die Namen weiterer zentraler Avenues Detroits, allesamt um 1800 angelegt und im frühen 20. Jh. ausgebaut. Seit den 1950er-Jahren zerschneiden zudem mehrere **Interstate Highways** und ihre Zubringer den urbanen Raum, insbesondere I-75, I-94 und I-96 (s. Exkurs S. 50). Nicht nur hat es seine historischen Gründe, sondern es ist zudem durchaus sinnvoll, sich in Detroit anhand seiner Verkehrsachsen zu orientieren – diese haben Motown grundlegend restrukturiert, ganze Viertel verschwinden und neue entstehen lassen und legen sich heute als Raster über die gesamte Stadt.

Als **Downtown** gilt das Viereck zwischen Detroit River und den vielspurigen Autobahnen M-10, I-75 und I-375. Hier befinden sich das Geschäftszentrum, die Haupteinkaufsstraße, mehrere Kasinos, zwei der drei großen Sportstätten, zahlreiche Bars und Restaurants, Theater sowie viele der bedeutsamen Baudenkmäler Detroits.

Nördlich der I-75 schließt sich beiderseits der Woodward Avenue zunächst **Midtown** an, geprägt von der Wayne State University und dem 2017 eröffneten Sporttempel Little Caesars Arena 19, aber auch von zahlreichen Museen und Theatern, eher studentisch geprägten Bars und Lokalen sowie punktuell ein paar interessanten Einkaufsmöglichkeiten. Hier sind, im Gegensatz zur Downtown, ferner einige Wohnquartiere erhalten bzw. in den letzten Jahren neu bebaut worden.

Nach der Querung der I-94 in Richtung Norden erreicht man das Stadtviertel **New Center**, das etwa in Form des Fisher Buildings 25 oder des Cadillac Place 26 (der alten General-Motors-Zentrale) mit beeindruckender Architektur aus den 1920er-Jahren aufwarten kann. New Center erzählt, ähnlich wie einige Gebäude in Downtown, von den goldenen Jahrzehnten Detroits. Umso absurder erscheinen heute die zahlreichen Ruinen und Brachflächen in unmittelbarer Nähe der prunkvollen Konzern- und Konsumtempel von vorgestern. Wer die

Die Skyline Detroits bekommt bald Zuwachs, den ersten seit Jahrzehnten

schnurgerade Woodward Avenue von hier aus weiter nach Nordwesten befährt, fühlt sich an dystopische Nachkriegsszenarien erinnert – bis die Avenue die ostwestlich verlaufende Straße 8 Mile kreuzt und Detroit in Richtung **nördliche Vororte** verlässt.

Östlich der Woodward Avenue und des beiderseitig parallel verlaufenden Korridors zwischen M-10 und I-75 finden sich etwa der Eastern Market 31, Lafayette Park 32, der Rivertown-Warehouse District [J9], die Villages of Detroit (z. B. Indian Village 36), Belle Isle 38 und das ehemals polnisch geprägte Hamtramck 45. Östlich der Stadtgrenze, bereits an den Ufern des **Lake St. Clair**, grenzt Detroit an die wohlhabenden Villenviertel von Grosse Pointes 44.

Auf der anderen Seite, in westliche bzw. südwestliche Richtung, erstrecken sich beispielsweise die ehrwürdigen **Villengegenden** Boston-Edison 30 und University District, das hippe Corktown 40, das lateinamerikanisch geprägte Mexicantown 42, die Schwerindustrie in River Rouge und jenseits der westlichen Stadtgrenze mit **Dearborn** 47 nicht nur die Konzernzentrale des Autobauers Ford und das sehenswerte Henry Ford Museum (s. S. 70), sondern auch die größte arabisch-amerikanische Community der Vereinigten Staaten.

KURZ & KNAPP

Detroit in Zahlen

- **Gegründet:** 1701
- **Einwohner:** Stadt 673.000 (2016), Metro Detroit 4,3 Mio.
- **Bevölkerungsdichte:** 1819 Einwohner je km²
- **Fläche:** Stadt 370 km², Metro Detroit 10.071 km²
- **Höhe ü. M.:** 182 m

Von den Anfängen bis zur Gegenwart

Die Geschichte Detroits beginnt offiziell im Jahr 1701 mit einer französischen Gründung – so das eurozentrische Narrativ. Menschliche Spuren an diesem Ort reichen allerdings Jahrtausende zurück.

Die ältesten Siedlungsspuren im Raum des heutigen Detroits sind etwa 11.000 Jahre alt, stammen also vom Ende der letzten **Eiszeit** in Nordamerika. Da im Zuge dieser Eiszeit auch die Besiedlung Nordamerikas durch Menschen aus Sibirien angenommen wird, handelt es sich um einige der ältesten Siedlungsspuren auf dem Kontinent. Aus den folgenden Jahrtausenden deuten zahlreiche archäologische Funde auf eine durchgehende Besiedlung an der Wasserstraße zwischen Lake Huron und Lake Erie hin – durch Menschen, die von europäischen Einwanderern später **Indianer** genannt werden sollten. Auseinandersetzungen zwischen verschiedenen Gruppen dieser *Native Americans* münden am Ende des 17. Jh. in der Dominanz der *Iroquois* (Irokesen, Eigenname: *Haudenosaunee*), zu jener Zeit primärer Handelspartner Frankreichs.

1701: Gründung des Fort Pontchartrain du Détroit im damaligen Neufrankreich durch den Offizier Antoine de la Mothe Cadillac und seinen etwa 100 Gefolgsleuten. Primärer Grund ist die Kontrolle der *détroit du Lac Érie* (Wasserstraße zwischen Lake Huron und Lake Erie, heute Detroit River) im Namen der französischen Krone. Erster zentraler Wirtschaftsfaktor der Stadt ist der Pelzhandel mit den Indianern. In den Folgejahrzehnten entwickelt sich der Ort rasch zur größten Siedlung Neufrankreichs zwischen

Montréal und La Nouvelle-Orléans (New Orleans).

1712–1733: Die *Fox Wars,* blutige Auseinandersetzungen zwischen Franzosen und Indianern, finden statt. Es gibt wechselnde Allianzen zwischen verschiedenen Indianervölkern, die sich teilweise mit den Franzosen zusammentun.

1760: Eroberung des Fort Détroit durch die Briten. Die Siedlung bleibt allerdings weiterhin stark französisch geprägt; bis heute weisen z. B. zahlreiche französische Straßennamen darauf hin.

1763: Im Frieden von Paris teilen sich die europäischen Kolonialmächte die Welt neu auf. Weite Teile Nordamerikas (u. a. Detroit) werden formal britisch.

1763–1766: Indianeraufstand unter der Führung des Häuptlings Pontiac. Die Briten gehen siegreich aus dem Konflikt hervor.

1775–1783: Amerikanischer Unabhängigkeitskrieg. Detroit wird 1783 nach 23 Jahren unter britischer Herrschaft offiziell an die neu gegründeten Vereinigten Staaten abgetreten. De facto behalten die Briten und mit ihnen verbündete Indianer noch Jahre die Oberhand.

1802: 101 Jahre nach der Gründung als Fort wird Detroit zur Stadt erhoben.

1805: Detroit brennt nahezu komplett ab. Der Wiederaufbau wird maßgeblich von Richter Augustus B. Woodward beeinflusst. Die zentrale Woodward Avenue ist nach ihm benannt, der Grundriss ist bis heute sichtbar.

1812–1815: Als Nebenschauplatz der napoleonischen Kriege in Europa erklären die USA den Briten und den mit ihnen verbündeten Indianern den Krieg. US-amerikanische Versuche, sich Teile Kanadas einzuverleiben, scheitern. Detroit bleibt Grenzstadt.

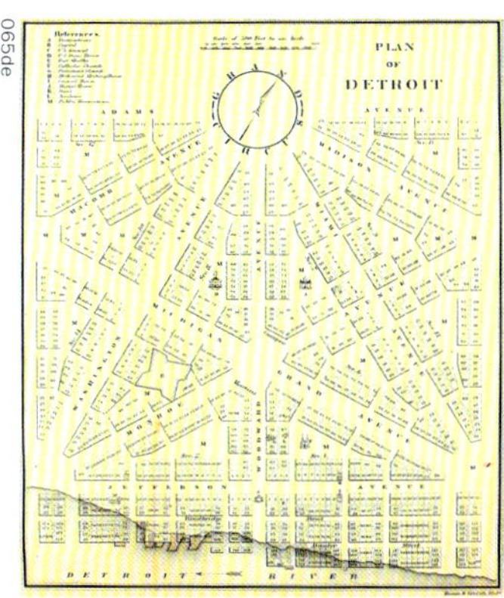

065de

Auf dem Reißbrett nach dem Stadtbrand: der Woodward-Plan von 1805

Frühes 19. Jh.: Detroit wird zentraler Transit- und Fluchtpunkt der *Underground Railroad,* einem System aus geheimen Routen für fliehende Sklaven aus den US-amerikanischen Südstaaten. Ein Denkmal auf dem Hart Plaza ❸ erinnert daran.

1830er-Jahre: Der *Indian Removal Act* (Indianer-Umsiedlungsgesetz) führt zur weitgehenden Vertreibung der indigenen Bevölkerung. Die Indianer spielen in der Geschichte Detroits von nun an keine Rolle mehr.

1837: Detroit wird Teil des neu geschaffenen Bundestaates Michigan, Hauptstadt wird allerdings bereits 1847 das zentraler gelegene Lansing.

zweite Hälfte des 19. Jh.: Migration aus Europa. Nach Franzosen und Briten fungieren zunächst Iren und dann Polen und vor allem Deutsche als die größten Einwanderergruppen in Detroit. Sie stellen auch die meisten Arbeiter zur Zeit der industriellen Revolution.

1861–1865: Amerikanischer Bürgerkrieg. Tausende Detroiter kämpfen aufseiten der Nordstaaten. Davon zeugen heute zahlreiche Denkmale in der Stadt, insbesondere das große Michigan Soldiers' and Sailors' Monument (1867) am Campus Martius ❽.

1863: Es kommt zu ersten großen Auseinandersetzungen zwischen verschiedenen Ethnien in Detroit. Auslöser ist der Prozess gegen einen Mann mit indianischen und spanischen Wurzeln, von der Presse allerdings schlicht „*negro*“ genannt.

Ab 1870: Die verkehrsgünstige Lage trägt erheblich zur Entwicklung Detroits als führender Industriestandort bei. Industrielle errichten die ersten Villen im Stadtteil Brush Park 18.

1901: Mit den Detroit Tigers wird das Baseball-Team der Stadt gegründet.

Frühes 20. Jh.: Ab 1904 entstehen die ersten Autofabriken für Fließbandproduktion, z. B. Ford Piquette Avenue Plant 24. Die Automobilindustrie wird alles dominierender Wirtschaftsfaktor. Detroit rückt an die Spitze weltweiter Innovation und entwickelt sich zu einer der größten sowie reichsten Städte in den USA. Die schnell wachsende Stadt sucht dringend Arbeiter. Diese kommen nun auch zahlreich aus Griechenland und Italien. Die Arbeitsmigration aus Europa lässt die Einwohnerzahl explodieren. Detroit expandiert massiv in der Fläche. 1910 liegt der europäische Bevölkerungsanteil noch bei fast 99 %; beginnt nun jedoch graduell zu sinken.

066de-axs

1929: Die Detroit Red Wings, eines der ältesten und erfolgreichsten Eishockeyteams Nordamerikas, spielen ihre erste Saison. Am 9. November des Jahres wird die Ambassador Bridge eröffnet, damals die längste Hängebrücke der Welt.

1930: Der Detroit-Windsor-Tunnel wird eröffnet. Brücke und Tunnel sind heute die verkehrsreichsten Grenzübergänge zwischen Kanada und USA (s. S. 20).

1930er-Jahre: Die Weltwirtschaftskrise ab 1929 trifft auch Detroit hart, Pleiten und Massenentlassungen sind die Folge.

1934: Die Football-Mannschaft Detroit Lions spielt ihre erste Saison.

1942–1945: Der Eintritt der USA in den Zweiten Weltkrieg führt zu einem massiven wirtschaftlichen Aufschwung. Die Produktion von Panzern, Flugzeugen, Jeeps etc. verlangt erneut mehr Arbeitskräfte, dieses Mal kommen in erster Linie Afroamerikaner aus dem Süden der USA: Die Zahl der „schwarzen“ Detroiter verdoppelt sich in den 1940er-Jahren.

1943: Migration und Wohnraumkrise führen zu erneuten ethnischen Konflikten: Rassistisch motivierte Kreditvergabepraktiken schließen Afroamerikaner gezielt vom Wohnungsmarkt aus (*„redlining“),* mehrheitlich „weiße“ Viertel blockieren den Zuzug anderer Ethnien. Unruhen im Juni 1943 fordern Dutzende Tote.

1950: Detroit erreicht mit 1,85 Mio. Einwohnern den höchsten Bevölkerungsstand seiner Geschichte. Von nun an kehrt sich die Entwicklung um.

1950–1970: Nach Kriegsende beginnt noch einmal eine kurze Blütezeit für die Autoindustrie Detroits. Die Fixierung auf das Automobil als alleiniger Wirtschaftsfaktor birgt jedoch erhebliche Risiken, die immer mehr zutage treten.

Infotafeln wie diese kennzeichnen Michigans historische Orte

1956: Die letzte Straßenbahnlinie wird außer Dienst gestellt, ein Ereignis mit großem symbolischen Wert. Das einst weltweit (!) größte Netz mit 30 Linien und 860 km Schiene ist Vergangenheit.

1957: Die Detroit Lions gewinnen zum bisher letzten Mal die NFL; im selben Jahr spielen die Basketballer der Detroit Pistons ihre erste Saison.

Ab 1960: Eine tiefgreifende Deindustrialisierung Detroits setzt ein. Aufgrund sinkender Einwohnerzahlen und dem gleichzeitigen Wachsen der *suburbs* (Vororte) beginnen auch Geschäfte und Einkaufszentren, ins Umland abzuwandern.

1967: *Detroit riot.* Tagelange Rassenunruhen mit Dutzenden Toten und Hunderten Verletzten. Tausende Geschäfte und Wohnhäuser werden zerstört. Die Ereignisse wirken als fataler Beschleuniger für die Stadtflucht.

1970er-Jahre: Die weltweiten Öl- und Wirtschaftskrisen der 1970er-Jahre treffen Detroit besonders hart. Die *Big Three* (Ford, Chrysler, General Motors) verlagern Teile ihrer Produktion. Auch Milliardeninvestitionen können den Niedergang nicht aufhalten.

1980er-Jahre: Die Kriminalitätsrate in Detroit erreicht landesweit Höchstwerte, ebenso Arbeitslosigkeit, Armut und Kindersterblichkeit. Kriminelle Gangs kontrollieren die Stadt, leerstehende Gebäude werden zu Drogenumschlagplätzen, Einkaufsstraßen und zentrale Plätze veröden. Die letzten traditionsreichen Einkaufshäuser in der Innenstadt schließen ihre Tore, die Schließung des riesigen Bahnhofsgebäudes 1988 und sein anschließender Verfall werden zum visuellen Signum für Detroits Niedergang.

067de-axs

Wiederauferstanden nach rund 60 Jahren: die Straßenbahn (QLine)

1989: Die Basketballer der Detroit Pistons, die längst in einem Vorort spielen, gewinnen zum ersten Mal die NBA. Es folgen bisher zwei weitere Titel (1990, 2004).

1990er-Jahre: Im Laufe des Jahrzehnts zeigen Revitalisierungsbemühungen erste zaghafte Erfolge. Der erste Wolkenkratzer seit den 1970er-Jahren wächst in den Himmel, erste Firmen verlegen ihre Zentralen zurück nach Downtown, drei riesige Kasinos öffnen 1999/2000 ihre Tore und zwei große Sportstadien werden errichtet. Das bringt zwar Geld und fördert den Tourismus, der Bevölkerungsschwund hält allerdings weiter an.

2008: Die Eishockeyspieler der Detroit Red Wings gewinnen mitten in der Krise zum bisher letzten Mal den Stanley Cup.

2012: Der Detroit City FC wird gegründet, somit hat Detroit wieder eine semiprofessionelle Fußballmannschaft. Die Macher des Vereins sind große Bewunderer des FC St. Pauli und dessen Fankultur; beide dienen als Vorbilder.

2013: Missmanagement und Korruption führen ab dem Jahr 2000 zum finanziellen Zusammenbruch Detroits. Im Juli 2013 meldet die Stadt Konkurs an, der größte seiner Art in der US-Geschichte.

2014: Das Konkursverfahren wird Ende des Jahres beendet. Ein auch in der Breite zunehmend spürbarer Aufschwung setzt ein, der Bevölkerungsschwund scheint gestoppt.

2017: Eröffnung der QLine: Die Straßenbahn der Stadt feiert ihre Wiederauferstehung.

Leben in der Stadt

Detroit ist in vielerlei Hinsicht eine außergewöhnliche Stadt, sei es politisch, sozial, ethnisch oder städtebaulich.

Das eigentliche Stadtgebiet von Detroit, oft Detroit Proper genannt, wartet nach langen Jahrzehnten des Bevölkerungsschwundes mit einer nicht nur für Michigan **einzigartigen Bevölkerungsstruktur** auf: **Mehr als 80 % sind Afroamerikaner**, der größte Teil des Rests besteht zu etwa 11 % aus Weißen und zu 7 % aus Latinos bzw. Hispanics.

In großen Teilen von **Metro Detroit** sprechen die Zahlen eine komplett andere Sprache: Die überwiegende Mehrheit dort ist **europäischer Abstammung**, Afroamerikaner machen aber immer noch etwa 20 % der Gesamtbevölkerung aus – das ist weit über dem Durchschnitt Michigans und der USA insgesamt. Ausnahmen bilden Dearborn 47, in dem die größte westasiatische (arabische) Community Nordamerikas lebt, aber auch Hamtramck 45, einst fast 100 % polnisch und mittlerweile die erste mehrheitlich muslimische Gemeinde in den USA. Eine größere Konzentration von Bewohnern mit ostasiatischen Wurzeln findet sich in den nördlichen Vororten Clawson, Royal Oak, Madison Heights und Warren um die 14 und 13 Mile Roads.

Wenn in den letzten Jahrzehnten von dem Verfall und dem ökonomischen Niedergang Detroits die Rede war, dann bezog sich das auf das eigentliche Stadtgebiet Detroits. Die mit der Stadt verwachsenen **Vororte** der Metropolregion waren davon nur bedingt betroffen. Die **Grosse Pointes** 44 etwa haben sich gegenüber Detroit regelrecht **abgeschottet.** Und in Detroit ist die **Stadtgrenze** vielerorts noch immer unmittelbar am **Zustand der Gebäude** erkennbar: Liegt sie in der Mitte einer Straße, so verläuft häufig auch die Grenze zwischen offensichtlichem Verfall und Wohlstand direkt zwischen beiden Straßenseiten.

Über die Gründe für den ökonomischen Niedergang Detroits ist viel spekuliert worden. Es handelt sich letztlich um ein Bündel von Ursachen, die kaum getrennt zu betrachten sind. Zu den wichtigsten Faktoren zählen einerseits die **Suburbanisierung** seit den 1950er-Jahren und andererseits die **ethnischen Spannungen**, die sich bereits zu Beginn der 1940er-Jahre und besonders explosiv im Jahr 1967 in tagelangen, bürgerkriegsähnlichen Ausschreitungen entluden. Dies begünstigte die sogenannte *white flight* („weiße Flucht"), den Umzug weißer Bevölkerungsteile ins Umland. Als wären Stadtflucht und Rassenunruhen nicht schon genug, setzten Motown während der 1970er-Jahre zusätzlich noch die weltweiten **Wirtschaftskrisen** zu. Die Industriestadt wurde von den Ölkrisen 1973 und 1979 besonders hart getroffen.

Nun scheint es damit vorbei zu sein. Nach dem Siechtum in den 1970er und 1980er-Jahren sowie mehreren Fehlstarts in den zwei Folgejahrzehnten ist nun der **Aufschwung** da. Und schon flammen die bekannten Konflikte um die Frage auf, wem die Stadt letztendlich gehört: denen, die (noch) da waren,

Änderungsschneiderei mit Türsteherin

oder denen, die jetzt (wieder)kommen. *„Detroit is the new Brooklyn“*, so die oft gehörte Prophezeiung einer **drohenden Turbo-Gentrifizierung** angesichts der regen Investorentätigkeit. Die Proteste gegen Vertreibung der Alteingesessenen werden lauter. Noch aber hat Detroit sehr viel Platz zu bieten und die positive Grundstimmung des Aufbruchs und Neuanfangs überwiegt bei Weitem – und zwar in allen Teilen der Bevölkerung.

Wer heute nach Detroit kommt, ist von der **Freundlichkeit** seiner Bewohner überrascht. Schnell ist man in ein Gespräch verwickelt und wird, insbesondere als Besucher aus dem Ausland, mit interessierter, offener Herzlichkeit empfangen. In Downtown ist das vielleicht weniger zu spüren als in anderen Vierteln der Stadt, insgesamt jedoch sind die Bewohner Detroits ausgesprochen entspannt und aufgeschlossen. Das mag verwundern angesichts der Tatsache, dass Detroit nach wie vor von einer **hohen Kriminalitätsrate** sowie wirtschaftlichen Problemen geplagt ist und große Teile brach liegen oder von Ruinen geprägt sind. Vielleicht ist es aber gerade deswegen so.

Vor allem aber spürt man sofort den unglaublichen **Stolz** der Bewohner auf ihr Detroit: Stolz auf die Stadt und ihre (für US-Verhältnisse) lange Geschichte, ihre beeindruckenden Architekturdenkmäler, ihre global bestimmende Rolle in der Automobil- und in der Musikgeschichte sowie ihre Sportvereine, aber auch Stolz darauf, dass man mit anpackt und kein Problem damit hat, sich die Hände schmutzig zu machen, und schließlich Stolz auf das Bewusstsein, dass es keine Krise gibt, die nicht überwindbar wäre. **„Detroit hustles harder“**, so ein beliebter Spruch auf Shirts und Baseball-Mützen, der sich

068de-axs

in etwa so übersetzen lässt: „In Detroit wird härter und raubeiniger gearbeitet". Die Wortwahl impliziert auch einen Sinn für Improvisation und einen schlauen Umgang mit knappen Ressourcen. Die Bewohner Detroits lieben ihre Stadt für das, was sie ist.

Diese klischeehafte Darstellung ist natürlich stark vereinfachend und oft sind es gerade die Zugezogenen, die sich die Wesenszüge einer Stadt besonders intensiv zu eigen machen. Die Marktanalysten haben schnell herausgefunden, dass Konsumenten bereit sind, für ein und dasselbe Produkt einen deutlich höheren Preis zu bezahlen, wenn es in Detroit hergestellt wurde statt im Ausland – seither wird **„Made in Detroit"** im großen Stil vermarktet. Viele Marken wurden in den letzten Jahren gelauncht, um den Konsumbedürfnissen nach Authentizität und Nostalgie zu entsprechen – schlicht weil es sich rechnet, und nicht, wie in der Werbung und in langen, ausgefeilten Selbstbeschreibungen suggeriert, aus Liebe zur Stadt und ihren Menschen.

Politisch spielt Detroit innerhalb Michigans eine Sonderrolle. Der **Landkreis Wayne County**, in dem Detroit liegt, ist, wie einige der dichtbesiedelten Nachbarkreise, liberal geprägt und parteipolitisch fest in der Hand der Demokraten. Dass Donald Trump die Präsidentschaftswahl 2016 in Michigan mit einer hauchdünnen Mehrheit von 0,3 % für sich entscheiden konnte, lag überwiegend an den konservativ geprägten ländlichen Kreisen im Norden und an der Westküste Michigans.

Die politische Sonderrolle Detroits im Bundesstaat basiert ferner auf der außergewöhnlichen **sozialen Zusammensetzung** seiner Bewohner. Statistisch betrachtet weist die Bevölkerung Detroits nicht nur, wie bereits erwähnt, einen weitaus höheren Anteil von Afroamerikanern auf, sondern sie ist auch jünger und weiblicher als in anderen Teilen Michigans. Hinzu kommt, dass die Haushalte in Detroit ein wesentlich **niedrigeres Jahreseinkommen** zur Verfügung haben als der durchschnittliche Haushalt im Bundesstaat. „Arm, aber sexy" – dieser einst in der deutschen Hauptstadt bekannte Leitspruch passt heute gut zu Detroit.

Aktuell wird in Motown vieles neu gedacht. Das betrifft selbstverständlich auch die **Stadtentwicklung.** Die momentane Situation dürfte weltweit einzigartig sein: Berlin hatte in den 1990er-Jahren viele **Brachflächen** – und der Vergleich beider Städte ist immer wieder interessant – das heutige Ausmaß in Detroit ist allerdings nicht einmal mit dem im damaligen Berlin vergleichbar. Viele der weiten *urban prairies* (städtischen Grasflächen) werden für *urban gardening* (städtischen Gartenbau) genutzt, teilweise sogar kommerziell. Ruinen werden Teil von Kunstprojekten oder in Eigenregie in Studios und Loftwohnungen umgebaut. Diese **kreative Aneignung der Leere** und der verlassenen Orte, aber auch die niedrigen Mietpreise und nicht zuletzt die *sexyness* Detroits sind es, die zunehmend vor allem junge Menschen aus den gesamten USA anziehen.

PRAKTISCHE REISETIPPS

081de-axs

An- und Rückreise

Mit dem Flugzeug

Reisende mit dem Flugzeug kommen in der Regel auf dem **Detroit Metropolitan Airport** (DTW, www.metroairport.com) an. Der Flughafen befindet sich in Romulus, etwa 35 km südwestlich der Innenstadt. Er dient als Drehkreuz für Delta Airlines und die SkyTeam-Allianz, zu der u.a. Air France und KLM zählen. **Direkte Verbindungen** bestehen von und nach Frankfurt (ganzjährig) und München (saisonal), die Strecke Frankfurt – Detroit wird neben Delta Airlines auch von Lufthansa bedient. Ansonsten sind Paris oder Amsterdam gängige innereuropäische **Umsteigeflughäfen** auf dem Weg nach Detroit, innerhalb Nordamerikas steigt man häufig in Chicago und New York um. Direkte Verbindungen aus Österreich oder der Schweiz bestehen nicht. Ein Direktflug aus Mitteleuropa nach Detroit dauert rund 8–9 Std. Die **Preise** sind je nach Saison und Buchungsglück sehr unterschiedlich: Eine frühe Buchung ist oft, aber nicht immer günstiger, die Online-Preise schwanken selbst im Tagesrhythmus erheblich. Normalerweise muss man für ein Hin- und Rückflugticket mind. 600 € bis 1800 € einrechnen, mit seltenen Ausschlägen nach oben und unten. Die Preisspanne ist tatsächlich so groß.

Es gibt zwei Ankunftsterminals: das **McNamara Terminal** und das **North Terminal**. Wo man ankommt bzw. abfliegt, ist abhängig von der Fluggesellschaft: Delta Airlines und Air France z.B. nutzen das McNamara Terminal, Lufthansa, United Airlines und Air Canada das North Terminal. Der Transport innerhalb des Flughafens und zwischen den Terminals ist grundsätzlich kostenlos. Am McNamara Terminal verkehrt eine kleine **Schwebebahn**, zwischen den Terminals fahren **Shuttles** ab dem jeweiligen Ground Transportation Center.

Vorseite: Die Hochbahn namens People Mover (s. S. 131)

Vom Flughafen in die Stadt

Der Weg vom Flughafen in die Stadt beginnt für alle Reisenden am **Ground Transportation Center** des jeweiligen Terminals.

Wer den öffentlichen **SMART-Bus** wählt, nimmt am besten die schnelle **Linie 261** (*Fast Michigan*). Erwachsene zahlen $ 2 für das Ticket (passend mitbringen, keine Wechselmöglichkeit). Für die Fahrt über die Michigan Avenue ins Zentrum (bis zum Rosa Parks Transit Center, s. S. 131) braucht der Bus gut eine Stunde und durchquert dabei Teile Mexicantowns 42 und Corktowns 40. Der erste Bus fährt ca. 5 Uhr morgens vom Flughafen, der letzte noch vor Mitternacht, in entgegengesetzter Richtung verkehren die Busse ab ca. 5.30 Uhr bis nach Mitternacht. Der Takt ist wochentags circa halbstündlich, am Wochenende etwa stündlich. Weitere Infos:

- **Abfahrtszeiten:** www.smartbus.org/Schedules/Route-Schedules (261 auswählen)
- **Route:** www.smartbus.org/Schedules/Route-Schedules/view/RouteImages/routeid/261

Wer ein **Mietauto** vorbestellt hat (Details: s. S. 111), findet kostenlose Shuttles zum jeweiligen Autoverleiher am Ground Transportation Center beider Terminals.

072de-axs

Ebenfalls an beiden Terminals finden sich 24 Stunden am Tag operierende **Taxis.** Die Fahrtdauer und der Preis (Taxameter) ist je nach Tageszeit und Verkehr sehr unterschiedlich, man braucht aber mind. 25 Min. und zahlt $ 50.

Ridesharing-Dienste (s. S. 132) fahren in den ausgeschilderten Bereichen beider Ground Transportation Center ab. Sie sind in der Regel wesentlich günstiger als Taxis.

Mit dem Auto

Für Reisende, die Detroit in einen längeren **Roadtrip** durch die USA und/oder Kanada einbinden und mit dem Auto oder Wohnmobil anreisen, bieten sich je nach Richtung zahlreiche Optionen. Möglichkeiten über die teilweise reizvollen Nebenstraßen und einfachen Highways können hier aus Platzgründen nicht näher behandelt werden. Die Anreise via **Interstate (Autobahn)** erfolgt aus dem Norden oder Süden über die **I-75,** die direkt durch die Stadt hindurchführt. Die Anreise aus Richtung Westen (Lake Michigan, Chicago) erfolgt in der Regel über die **I-94,** ebenfalls mit zahlreichen Auf- bzw. Abfahrten innerhalb der Stadtgrenzen. Wer aus Richtung Osten (z. B. New York) kommt, trifft südlich von Detroit in Toledo (Ohio) auf die I-75 und fährt ebenfalls aus Richtung Süden in die Stadt. Und wer die Grenze aus dem kanadischen Windsor (etwa aus Toronto oder von den Niagarafällen kommend) überquert, fährt entweder durch den alten **Autotunnel** unter dem Detroit River hindurch oder passiert die **Ambassador Bridge** [bj] westlich der Innenstadt. Mehr zum Autofahren in Detroit: s. S. 110.

Mit Bahn und Bus

Die An- oder Abreise mit der Bahn ist durchaus reizvoll, kommt aber nur für Reisende in oder aus Richtung Chicago in Frage. Amtrak verknüpft den **Bahnhof** Detroit dreimal pro Tag und Richtung mit Chicago (www.amtrak.com). Die Fahrt dauert etwa 5 Std. und kostet ab $ 38 pro Person. In Richtung Downtown fährt vom Bahnhof die Straßenbahn QLine (s. S. 132). **Fernbusse** halten an verschiedenen Orten in der Stadt: Megabus (https://us.megabus.com) unter anderem direkt in Downtown im Rosa Parks Transportation Center (s. S. 131), Greyhound (www.greyhound.com) etwa in Corktown 40.

Majestätisch spannt sich die Ambassador Bridge [bj] über den Fluss

073de-axs

📷 *Motown ist ein Paradebeispiel für die autogerechte Stadt*

Autofahren

Ein Auto kann zum Kennenlernen Detroits und von Zielen außerhalb durchaus sinnvoll sein. Es hängt letztlich von der individuellen Reiseplanung ab: Hat man nur begrenzte Zeit zur Verfügung oder will sich auf Downtown und die direkte Umgebung konzentrieren, ist je nach Witterung ein Fahrrad (s. S. 122) oder der öffentliche Nahverkehr (s. S. 130) vorzuziehen. Wer mehr Zeit hat und mehr sehen will, für den kommt ein Mietwagen in Frage.

Verkehrssituation und -regeln

Die **Infrastruktur** für den Autoverkehr ist einerseits großzügig – schließlich befinden wir uns in Motown – andererseits vielerorts in einem beklagenswerten Zustand. Auch wenn große Anstrengungen unternommen werden, die Situation zu verbessern, ist Vorsicht geboten: Im Unterschied zu Europa wird in Detroit beispielsweise vor gefährlich tiefen **Schlaglöchern** und anderen Hindernissen auf den Straßen nicht unbedingt per Schild gewarnt. Fahrbahnmarkierungen fehlen oft komplett, ebenso Wegweiser. Auch der örtliche **Fahrstil** ist zunächst gewöhnungsbedürftig. Es ist auf jeden Fall ratsam, langsam und vorsichtig zu fahren und sich von Dränglern nicht aus der Ruhe bringen zu lassen.

Der Verkehr an den Ausfallstraßen und auf den Interstates (Autobahnen) ist zur **Rush Hour** morgens und abends sowie an Wochentagen sehr dicht, das lässt sich aber mit ein wenig Planung leicht umgehen. Ansonsten sind die Straßen Detroits im Vergleich zu anderen Metropolen angenehm leer – schließlich hat die Stadt in den letzten Jahrzehnten fast zwei Drittel ihrer Einwohner verloren! Die alten Boulevards (z. B. Grand Boulevard, s. Extratipp S. 58), Ringstraßen und Avenues abzufahren, und vielleicht in die eine oder andere Nebenstraße abzubiegen, ist ein einmaliges Erlebnis. So kommt man auch an Orte, die man anders nicht erreichen würde.

Die **Verkehrsregeln** sind nur unwesentlich anders als in Europa. In aller Kürze: Rechtsabbiegen bei Rot ist grundsätzlich erlaubt. Fußgänger haben stets Vorrang. Die Rechts-vor-links-Regel gibt es nicht; wer zuerst kommt, fährt zuerst. Rechts überholen ist erlaubt, was insbesondere auf den Interstates zu beachten ist.

Tanken

An der Zapfsäule findet man in der Regel drei verschiedene Arten von **Benzin**, die nach ihrer Oktanzahl (z. B.

87, 89, 92) benannt sind. Neuere Wagen und somit nahezu alle Leihwagen müssen mit der günstigsten Variante (87) betankt werden. **Bezahlt** wird immer **vor dem Tanken:** Wenn man volltanken will und den Betrag nicht weiß, gibt man einen höheren Betrag an und lässt sich den Überschuss danach entweder bar auszahlen oder er wird auf die Kreditkarte zurückgebucht. In Detroit sind die Benzinpreise **bei Barzahlung oft niedriger** als bei Zahlung mit Kreditkarte. Generell ist das Preisniveau wesentlich niedriger als in Europa: 2018 kostete eine **Gallone** (ca. 4 Liter) Benzin (87) zwischen $2,40 und $2,80 (ca. 2–2,40 €).

Parken

Das Parken in **Downtown** und **Midtown** Detroit ist sicher, aber je nach Anbieter recht teuer. Hotels bieten ihren Gästen oft (aber nicht immer, unbedingt fragen!) kostenlose Parkplätze an. **Öffentliche Parkplätze** in der Innenstadt kosten relativ wenig (ab $0,50 für eine halbe Stunde), sind aber zumindest tagsüber zeitlich beschränkt (max. 2 Std.). Bezahlt wird in bar oder per Kreditkarte an den **Parkautomaten**, in die man über eine Tastatur auch das Kennzeichen des Autos eingibt. Das System ist neu und recht einfach zu bedienen:

› www.parkdetroit.us

Darüber hinaus gibt es zentrumsnah zahlreiche, allerdings **teure Privatparkplätze** in Parkhäusern und auf Brachflächen (mindestens $12 pro Tag, an verkehrsreichen Tagen auch erheblich mehr):

› https://detroit.bestparking.com
› https://en.parkopedia.com/parking/detroit

Achtung: Nie zu nahe an Hydranten, Zebrastreifen und Kreuzungen parken (mind. 5 m Abstand) und auch nicht „mal kurz" im Parkverbot – die **Strafen** sind empfindlich, abgeschleppt wird schnell.

Außerhalb des Zentrums kann man in weiten Teilen der Stadt auch umsonst parken, man sollte sich allerdings darüber im Klaren sein, dass dort eingeschlagene Scheiben und aufgebrochene Autos keine Seltenheit sind. Es gilt, keine Wertgegenstände im Auto zu lassen!

Mietwagen

Am **Flughafen Detroit** (S. 108) sind alle namhaften Verleihfirmen vertreten (z. B. Alamo, Avis, Hertz), auch über die Stadt verteilt finden sich zahlreiche Filialen. Besonders bei einem Kurzaufenthalt empfiehlt es sich, das Fahrzeug bereits vor Antritt der Reise via Internet oder Reisebüro zu buchen, um Wartezeiten zu vermeiden und Kosten zu sparen. Die **Preise** sind abhängig von Wagentyp, Leihdauer, Saison, Ausstattung usw.

Zum Mieten eines Fahrzeugs reicht der europäische **Führerschein** und eine **Kreditkarte** (für Endpreis und Kaution). Ein **All-inclusive-Versicherungspaket** ist nicht billig, macht aber sehr viel sorgenfreier. Beim Abholen des Fahrzeugs sollte man immer nach der *Registration* (Zulassungspapiere) und dem *Proof of Insurance* (Versicherungsnachweis) fragen, um sie bei einer eventuell vorkommenden Verkehrskontrolle schnell zur Hand zu haben. Die **Polizei** in Detroit (s. S. 121) geht mit Ausländern und Touristen in der Regel sehr freundlich und nachsichtig um. Bei Unfällen, Verletzungen etc. wählt man den Notruf unter Tel. 911.

Barrierefreies Reisen

Die Vereinigten Staaten sind ein gutes Reiseland für Menschen mit Behinderung *(people with disabilities)*. Barrierefreiheit ist Standard, von **Hotelzimmern** und **Museen** über **Gehwege** und **Verkehrsmittel** bis hin zu immer zahlreicher vorhandenen **Behindertenparkplätzen.** Das gilt generell auch für Detroit, insbesondere am **Flughafen** (s. S. 108) und in den zentralen Bereichen der Stadt sowie in den Vororten der Metropolregion. In den letzten Jahren hat sich die Situation sogar verbessert: Alles, was neu angelegt, gebaut oder renoviert wird, wird grundsätzlich barrierefrei gestaltet.

Anders sieht es allerdings in einigen der oft über Jahrzehnte vernachlässigten Stadtteile Detroits aus, etwa auch in manchen historischen Gebäuden. Hier ist nach wie vor mit **Hindernissen** zu rechnen. Häufig gibt es auch aus Europa gewohnte Standards in Detroit nicht, dazu zählen z. B. akustische Ampelsignale. Aktuelle Informationen zum Thema Barrierefreiheit finden sich auf den Websites der Sehenswürdigkeiten und Veranstalter.

Diplomatische Vertretungen

Die ausländischen Botschaften und Konsulate im Heimatland sind in erster Linie für die Erteilung von Visa zuständig. Es gibt US-amerikanische Botschaften in Berlin, Wien und Bern sowie zahlreiche Konsulate in anderen Städten. Infos und Adressen für Deutschland unter: https://de.usembassy.gov/de.

In Detroit gibt es nur Honorarkonsulate der drei Länder. Wer konsularische Dienste in Anspruch nehmen will (z. B. bei Passverlust), muss sich an das zuständige **Generalkonsulat** wenden:

- **German Consulate General Chicago,** 676 North Michigan Avenue, Suite 3200, Chicago, IL 60611-2804, Tel. 01 312 2020480 (nur Mo.–Mi. 13.30–15 Uhr), www.germany.info
- **Austrian Consulate General New York,** 31 East 69th Street, New York, NY 10021, Tel. 01 212 7376400, www.bmeia.gv.at/gk-new-york
- **Consulate General of Switzerland in New York,** 633 Third Avenue, 30th floor, New York, NY 10017-6706, Tel. 01 212 5995700, Helpline EDA Tel. +41 800 247365, www.eda.admin.ch/countries/usa/de/home.html

Ein- und Ausreisebestimmungen

Dank des **Visa Waiver Program (VWP)** ist ein Visum für Staatsbürger von Deutschland, Österreich und der Schweiz bei einem Aufenthalt von **max. 90 Tagen** und Vorlage eines Rückflugtickets nicht nötig. Besucher müssen im Besitz eines Reisepasses sein, der mindestens noch die gesamte Aufenthaltsdauer gültig ist.

Auch **Kinder** benötigen einen eigenen Pass. Reisen Kinder nur mit einem Elternteil, sollte auf jeden Fall eine Einverständniserklärung des anderen Elternteils mitgeführt werden.

Alle Personen, die ohne Visum einreisen, auch Kinder, müssen sich spätestens 72 Stunden vor Abflug online über das *Electronic System for Travel Authorization* (**ESTA**) registrieren lassen. Dieser Registrierungsvorgang kostet einmalig den Gegenwert von $ 14 und erlaubt eine mehrfache Einreise innerhalb von zwei Jahren, sofern der Pass gültig ist. Achtung: Es kann zu Problemen kommen, wenn man in den letzten Jahren bestimmte Länder bereist hat, u. a. den Iran. Unbedingt vorher informieren!

Die **Registrierung** erfolgt bei der Flugbuchung im Reisebüro oder bei Selbstbuchung im Internet auf der folgenden Website:

› https://esta.cbp.dhs.gov (Antrag) bzw. https://de.usembassy.gov/de/visa/esta (deutsche Erläuterungen und Link)

Außerdem benötigen die Fluggesellschaften spätestens 72 Stunden vor Abflug alle maßgeblichen Passagierdaten zur Weiterleitung an die *Transportation Security Administration* **(TSA)**. Normalerweise werden diese Angaben ebenfalls bereits bei der Flugbuchung gemacht. Beim Check-In wird dann mitunter auch nach der ersten Aufenthaltsadresse in den USA inklusive Postleitzahl (ZIP-Code) gefragt (z. B. Unterkunft).

Wer länger als 90 Tage im Land bleibt oder Staatsbürger eines Landes ist, das nicht am VWP teilnimmt, muss sich vorab ein **Visum** beschaffen.

Die Bestimmungen in Sachen **Zoll** sollten sehr ernst genommen werden, um mögliche Komplikationen bei Ein- oder Ausreise zu vermeiden. Im Flugzeug werden weiße Zollerklärungen (US customs forms) verteilt, auf denen anzugeben ist, ob und welche Waren mitgeführt werden. Dabei gilt: Bargeldsummen über $ 10.000 müssen deklariert werden. Die Einfuhr tierischer und pflanzlicher Frischprodukte und Lebensmittel (auch Reiseproviant!) sowie von Samen und Pflanzen in die USA ist streng verboten, außerdem die von gefährlichen Objekten wie etwa Messer. Bei Medikamenten in größeren Mengen empfiehlt es sich, ein ärztliches Attest (am besten in englischer Sprache) mitzuführen. Details zur **zollfreien Einfuhr in die USA** gibt es unter:

› www.cbp.gov/travel/international-visitors

Am **Immigration Counter** des ersten Flughafens in den USA wird der Pass gescannt und es werden evtl. Fragen zu Reiseroute, Zweck der Reise, Reisebudget, Beruf, Bekannten oder Freunden in den USA gestellt. Der Immigration Officer nimmt elektronisch **Fingerabdrücke** und macht ein Foto, ehe er den Stempel in den Pass setzt, der die Aufenthaltsdauer in der Regel auf 90 Tage begrenzt. Der Vorgang selbst dauert nur wenige Minuten, die Warteschlangen vor den Schaltern können jedoch lang sein.

Infos zu aktuellen **Einreisebestimmungen** findet man auf der Internetpräsenz des jeweiligen Auswärtigen Amtes, für Deutschland hier:

› www.auswaertiges-amt.de/DE/Laenderinformationen/00-SiHi/UsaVereinigteStaatenSicherheit.html

Details zu den Einfuhrbestimmungen bei der Rückreise sind bei den Zollämtern bzw. auf deren Websites zu erfahren:

› **Deutschland:** www.zoll.de
› **Österreich:** www.bmf.gv.at/zoll
› **Schweiz:** www.ezv.admin.ch

Elektrizität

Die **Netzspannung** beträgt in ganz Nordamerika 120 V. Daher müssen mitgebrachte Geräte wie Föhn oder Rasierapparat umstellbar sein. Für den Gebrauch von elektronischen Geräten sind **Adapter** erforderlich, die im Handel günstig zu erwerben sind. Der Einfachheit halber sollten sie vor Antritt der Reise angeschafft und mitgebracht werden.

Wechselkurs
(Stand: Anfang 2019)

$ 1	0,87 €/0,98 SFr
1 €	$ 1,15
1 SFr	$ 1,02

Geldfragen

Währung und Zahlungsmittel

Die Währung in den USA ist der **US-Dollar** ($ bzw. US$). Die Wechselkurse schwanken mitunter erheblich.

Die meisten Reisenden werden eine **Kreditkarte** *(credit card)* als Hauptzahlungsmittel benutzen. Visa und Mastercard sind die gebräuchlichsten. Eine Kreditkarte ermöglicht in der Regel auch das Abheben von Bargeld am **ATM (Geldautomat).** Dies kostet je nach Bank zwischen $ 0 und $ 5 zusätzlich zu den anfallenden Gebühren der heimischen Bank. Generell gilt: Seltener, aber größere Beträge abzuheben, ist günstiger.

074de-axs

Es empfiehlt sich allerdings, auch stets etwas **Bargeld** mit sich zu führen: für Trinkgeld, für den Bus (s. S. 130), aber auch für Einkäufe auf Märkten oder in kleinen Geschäften. Eine wachsende Zahl von Händlern nimmt keine Kreditkarten (mehr) oder gibt die Gebühren direkt an den Kunden weiter. Benzin ist in Detroit bei Barzahlung oft günstiger als mit Kreditkarte. Trotzdem bleibt die Kreditkarte vor Ort unerlässlich, insbesondere für Mietwagen – hier wird generell kein Bargeld akzeptiert.

Debitkarten (Girocard)

Viele Banken sperren die Debitkarten (auch Girocard genannt) aus Sicherheitsgründen für den **Einsatz im außereuropäischen Ausland** oder beschränken den Verfügungsrahmen. Außerdem statten einige deutsche Banken ihre Debitkarten mit der Bezahlfunktion **V PAY** aus, bei der nicht der kopierbare Magnetstreifen, sondern der Chip ausgelesen wird. Das hat zur Folge, dass an Bankautomaten in den USA mit solchen Karten kein Geld gezogen werden kann, da die Automaten die Chips nicht lesen können.

Nicht jeder ATM sieht vertrauenswürdig aus

Detroit preiswert

Im Vergleich zu anderen US-amerikanischen Großstädten lässt sich Detroit außerordentlich geldbeutelfreundlich entdecken:

- *Für den günstigen **Transport** sorgen die öffentlichen Verkehrsmittel (s. S. 130) – dafür muss man allerdings Zeit mitbringen – oder ein Leihfahrrad (s. S. 122), das bereits für rund $ 8 pro Tag zu haben ist.*
- *Für kleines Geld **essen** kann man beispielsweise in den Filialen bekannter Fast-Food-Ketten (Pizza, Burger, Hot Dogs etc.), im empfehlenswerten **Bucharest Grill** (s. S. 81) oder – wesentlich gesünder und nur unwesentlich teurer – im Selbstbedienungsbereich der Biomärkte von **Whole Foods** (Filiale: s. S. 92).*
- ***Geführte Spaziergänge** (s. S. 124) durch die Stadt sind mitunter kostenfrei, etwas Trinkgeld sollte man allerdings auf jeden Fall geben.*
- *Die Stadt Detroit listet auf ihrer offiziellen Website **aktuelle Preisnachlässe** (https://visitdetroit.com/deals-discounts). Im Angebot ist auch **The D Discount Pass**, der zum Beispiel für einen vergünstigten Museumsbesuch interessant sein kann (Details: https://visitdetroit.com/discount).*
- *Schließlich locken verschiedene **Veranstaltungen mit freiem Eintritt**, beispielsweise das Detroit Jazz Festival (s. S. 96), die Museumsnacht Noel Night (s. S. 96) oder einzelne Events im Künstlerkollektiv Trumbullplex (s. S. 36).*

075de-axs

Wer im Ausland mit seiner Debitkarte bezahlen oder Bargeld abheben möchte, sollte sich im Vorfeld bei seiner Bank erkundigen und die Karte ggf. für das Reiseland freischalten lassen.

Umrechnungskurs am Geldautomaten

Beim Abheben von Bargeld in Landeswährung wird manchmal angeboten, dass die Abrechnung mit dem eigenen Konto in Euro erfolgen kann. Das Verfahren ist als **Dynamic Currency Conversion** (**DCC**) bekannt. Wählt man diese Option, die ja sicherer erscheint, wird aber ein ungünstiger Wechselkurs zugrunde gelegt, der erhebliche Kosten verursachen kann. Deshalb sollte man Abhebungen immer in der Landeswährung vom eigenen Konto abbuchen lassen. Dann legt die eigene Bank den offiziellen Devisenkurs zugrunde.

Gutes Preis-Leistungs-Verhältnis: die Whole-Foods-Märkte (s. S. 92)

Meine Literaturtipps

- *Arnaud, Michel:* ***Detroit: The Dream Is Now. The Design, Art, and Resurgence of an American City,*** *Harry N. Abrams 2017. Eine wunderbare fotografische Rundreise durch das wiedererwachende Detroit.*
- *Betts, Graham:* ***Motown Encyclopedia,*** *CreateSpace 2014. Wie der Name vermuten lässt, eine der umfangreichsten Veröffentlichungen zum legendären Label Motown mit einer Fülle an Informationen.*
- *Boyd, Herb:* ***Black Detroit. A People's History of Self-Determination,*** *Amistad 2017. Die afroamerikanische Geschichte Detroits im späten 20. Jh.*
- *Coulson, Joseph:* ***Abnehmender Mond,*** *C. H. Beck 2005. Der Roman beschreibt das Schicksal einer Arbeiterfamilie in Cleveland und Detroit über zwei Generationen. Er setzt zu Beginn der Weltwirtschaftskrise ein, der Bogen der Erzählung spannt sich über fünf Jahrzehnte bis zum Vietnamkrieg.*
- *Kullmann, Katja:* ***Rasende Ruinen: Wie Detroit sich neu erfindet,*** *Suhrkamp 2012. Gespräche mit obdachlosen Jazz-Musikern, superreichen Shoppingmall-Investoren und Techno-Aktivisten über ihr Detroit.*
- *Yunis, Alia:* ***Feigen in Detroit,*** *Aufbau Verlag 2010. Liebevoll, zutiefst menschlich und grandios komisch zeichnet Yunis das Bild einer ganz normalen amerikanischen Familie - aus dem Libanon - und eines Jahrhunderts der Integration und Desintegration im Schmelztiegel der Kulturen.*

Preise und Kosten

Eine sehr einfache **Unterkunft** (s. S. 127) im Zentrum kostet ab etwa $ 70 pro Zimmer und Nacht, außerhalb der Stadt sind Hotelzimmer günstiger, an Wochenenden und Feiertagen zahlt man mehr.

Die Preise für **Lebensmittel** schwanken stark. In den Supermärkten der Biokette Whole Foods oder an den Ständen im Eastern Market 31 sind sie etwas höher als in einfachen Supermärkten. Dasselbe gilt für **Restaurants.** Ein paar Richtwerte: Ein Glas Wein kostet ab $ 7, ein gezapftes Bier ab $ 5, in hippen Bars gibt es aber, weil es cool ist, mitunter auch Dosenbier ab $ 1,50. Burger von Fast-Food-Ketten sind ab $ 1 zu bekommen, in Bars und Restaurants kosten sie um die $ 10 oder mehr – allerdings in entsprechender Qualität und mit reichlich Beilagen. Ein Hauptgericht in einem Familienrestaurant gibt es ab etwa $ 10, in angesagten Lokalen und gehobener Gastronomie zahlt man aber eher das Doppelte und aufwärts.

Zusammengefasst: Detroit bietet in Sachen Lebensmittel und Gastronomie qualitativ wie preislich eine enorme Bandbreite, die Kosten für Ernährung und Genuss sind daher abhängig von den eigenen Ansprüchen und Präferenzen.

Informationsquellen

Infostellen in der Stadt

ⓘ118 [F8] **Detroit Metro Convention & Visitors Bureau,** 211 W Fort St., Suite 1000, Tel. 01 313 2021800, https://visitdetroit.com/contact-us, Mo.–Fr. 9–17 Uhr. Zentrale Touristeninformation in der Innenstadt für Detroit und die Metropolregion.

119 [bi] **Detroit Mexicantown International Welcome Center,** 2835 Bagley Ave., Tel. 01 313 9622360, Mo.–Fr. 9–17.30 Uhr. Großzügig gestaltete und gut ausgerüstete Touristeninformation, gelegen in Mexicantown 42, aber für ganz Detroit zuständig, betrieben vom Michigan Department of Transportation.

Detroit im Internet

Wer sich vorab über Detroit informieren möchte, dem steht im Internet eine unüberschaubare Vielfalt an Reiseberichten, Blogs, Artikeln und Fotoserien zur Verfügung. Einen Blick wert sind die folgenden Seiten:

- **https://visitdetroit.com:** offizieller Internetauftritt der Stadt, informativ und aktuell
- **www.michigan.org/city/detroit:** offizielle Tourismus-Website des Bundesstaates Michigan zu Detroit
- **www.vusa.travel:** von einem Verein betriebene Internetseite in deutscher Sprache mit ausführlichen Besucherinformationen für USA-Reisen
- **www.modeldmedia.com:** reines Onlinemagazin aus und über Detroit mit breitem Themenspektrum und kenntnisreichen Berichten aus den einzelnen Stadtteilen
- **www.hourdetroit.com:** kommerziell betriebene Website mit umfangreichem Veranstaltungsverzeichnis, Restaurant- und Barkritiken, Einkaufstipps und vielem mehr
- **www.historicdetroit.org:** eine Zeitreise durch Detroits Stadtviertel, reich an Fotos nebst Erläuterungen
- **http://detroit1701.org:** interessante Website aus dem Dunstkreis der Michigan State University mit viel Wissenswertem zu Detroit: Denkmäler, Fotos, umfangreiche Bibliografie etc.

Publikationen und Medien

- **Crain's Detroit Business:** Publikation mit Schwerpunkt Wirtschaft, aber auch Artikel zu allen Teilen Detroits (www.crainsdetroit.com)
- **Detroit Free Press:** größte Tageszeitung der Stadt (www.freep.com)
- **Detroit Metro Times:** kostenlos ausliegendes Wochenmagazin, alternativ angehaucht, wenige Artikel und umfangreicher Veranstaltungskalender (www.metrotimes.com)
- **Detroit News:** traditionsreiche Tageszeitung (www.detroitnews.com)

Smartphone-Apps

- **Detroit Radio – Stations FM/AM:** mehr als 30 Radiosender aus Detroit zum kostenlosen Anhören (für Android). Ein ähnliches Angebot hat auch die iOS-Variante **Detroit Radios – Top Stations Music Player FM/AM.**
- **The Detroit News:** aktuelle Nachrichten verschiedener Kanäle unter einem Dach (kostenlos für Android und iOS)
- **The Heidelberg Project:** detaillierte Beschreibungen und Karten zum berühmten Kunstprojekt 35 (kostenlos für Android und iOS)
- **Transit:** Nahverkehrs-App für die Bussysteme in Detroit und der Metropolregion (kostenlos für Android und iOS)

Internet

Freies **WLAN (Wifi)** ist in Detroit – zumindest in den Teilen der Stadt, wo sich Touristen in der Regel bewegen – gang und gäbe: am Flughafen, in Hotels, Restaurants, Bars und Cafés, in Museen und öffentlichen Gebäuden. Falls der Name des WLAN-Netzes und/oder das Passwort nicht ausgeschrieben sind, einfach nachfragen.

LGBT+

Detroit ist außerordentlich tolerant und die überwiegende Mehrheit der Bevölkerung schätzt seine **reiche LGBTIQ-Community** – das gilt für Detroit Proper ebenso wie für Metro Detroit.

Als Hotspot der LGBTIQ-Community gilt **Ferndale,** welches direkt nördlich an das Stadtgebiet Detroits, genauer gesagt den Stadtteil Palmer Park, anschließt. **Palmer Park** fungierte in den 1970er- und 1980er-Jahren als Epizentrum der Detroiter LGBTIQ-Community, bevor sie damals vor der aus dem Ruder laufenden Kriminalität über die Stadtgrenze nach Ferndale übersiedelte. In den letzten Jahren gibt es mehr und mehr Anzeichen einer „Rückeroberung" von Palmer Park, die Grenzen verwischen zusehends. Als zentrale Veranstaltungen gelten die **Motor City Pride** und **Hotter than July** (beide s. S. 96).

Weitere nützliche Infos, etwa zu empfehlenswerten Unterkünften, Bars und Cafés, gibt es hier:

- **https://pridesource.com:** Onlineangebot der Zeitung Between The Lines mit Infos und Tipps zur Region Detroit (z.B. Veranstaltungskalender, Adressen etc.)
- **www.lgbtdetroit.org:** Webauftritt von LGBT Detroit, einer Non-Profit-Organisation aus Metro Detroit
- **https://visitdetroit.com/visit/lgbtq:** Unterseite für LGBTIQ von Visit Detroit, dem offiziellen Portal des Tourismusverbands mit Infos zu Nachtleben, Restaurants etc.

Konfektionsgrößen

Herren

Deutsche Bekleidungsgrößen (z. B. 50) minus 10 ergibt amerikanische Größe (40)

- Herrenhemden

D	36	37	38	39	40/41	42	43
USA	14	14,5	15	15,5	16	16,5	17

- Herrenschuhe

D	39	40	41	42	43	44	45
USA	7	7,5	8	8,5/9	9,5/10	10,5	11,5

Damen

D	36	38	40	42	44	46
USA	6	8	10	12	14	16

- Damenschuhe

D	36	37	38	39	40	41	42
USA	5,5	6/6,5	7/7,5	8	9	9,5	10

Kinder

D	98	104	110	116	122
USA	3	4	5	6	6x

- Kinderschuhe

D	23	24	25	26	27	28	29	30	31	32	33
USA	6,5	7,5	8,5	9,5	10,5	11,5	12,5	13	1	1,5/2	2,5

Maße und Gewichte

Während etwa die Wissenschaft, die Medizin, aber auch Teile des Handels und das Militär längst metrisch ticken, wird ansonsten in den USA noch immer mit den altertümlichen *customary units* hantiert. Sie basieren auf alten britischen Maßeinheiten, weichen aber mitunter auch substanziell davon ab. Die Temperatur wird überwiegend in Fahrenheit (und nicht Celsius) angegeben, auch Bekleidungsgrößen unterliegen häufig anderen Einheiten. Zahlreiche **Internetseiten** bieten heute eine **Konvertierung** an (z. B. www.unitconverters.net).

Längen

1 inch (in)	2,54 cm
1 foot (ft)	30,48 cm
1 yard (yd) (= 3 feet)	0,91 m
1 mile (= 1760 yards)	1,61 km

Temperaturen

Umrechnungsschlüssel:
(Grad Fahrenheit - 32) x 0,56
= Grad Celsius, z. B.:

23 Grad F	-5 Grad C
32 Grad F	0 Grad C
50 Grad F	10 Grad C
60 Grad F	15 Grad C
70 Grad F	21 Grad C
80 Grad F	26 Grad C

Gewichte

1 ounce (oz)	28,35 g
1 pound (= 16 ounces)	453,59 g

Hohlmaße

1 pint	0,47 l
1 quart (= 2 pints)	0,95 l
1 gallon (= 4 quarts)	3,79 l

Flächen

1 square inch	6,45 cm^2
1 square feet	929 cm^2
1 square yard	0,84 m^2
1 acre	4046,80 m^2 (0,405 ha)
1 square mile (= 640 acres)	2,59 km^2

Medizinische Versorgung

Europäische Krankenkassen decken die Versorgung während eines USA-Aufenthalts normalerweise nicht. Es ist daher unbedingt ratsam, eine **Auslandsreisekrankenversicherung** abzuschließen. Manche Kreditkarten beinhalten eine solche (vorher informieren, um unnötige Ausgaben zu vermeiden).

Die medizinische Versorgung in den USA ist allgemein sehr gut, vorausgesetzt man ist zahlungskräftig. Das muss vor einer Versorgung in der Regel auch nachgewiesen werden, z. B. durch **Vorlage einer Kreditkarte.** Die Behandlung erfolgt nach dem **Vorkasse-Prinzip.** Ausgaben werden erst nach Rückkehr in das Heimatland von der Versicherung bei Vorlage von Rechnungen und Diagnosen rückerstattet.

Krankenhäuser

Die folgenden **Kliniken** mit **Notaufnahme** *(emergency room)* befinden sich in Midtown und New Center:

⊕120 [G3] **Children's Hospital of Michigan,** 3901 Beaubien St., Tel. 313 7455437, www.childrensdmc.org/our-locations/childrens-hospital-of-michigan-location. Dies ist ein Kinderkrankenhaus.

121 [G3] **DMC Harper University Hospital,** 3990 John R Street, Tel. 313 7457525, www.dmc.org/our-locations/harper-university-hospital

122 [bh] **Henry Ford Hospital,** 2799 W Grand Blvd., Tel. 313 9162600, www.henryford.com/locations/henry-ford-hospital

123 [ch] **Today's Detroit Dental,** 3011 W Grand Blvd. #867, Tel. 313 3143894, www.todaysdetroitdental.com, Zahnarzt

Apotheken

Wer **Medikamente** benötigt, kann diese in den *pharmacies* einer der zahlreichen Drogeriemärkte *(drugstores)* erwerben. Große Ketten sind etwa CVS (www.cvs.com), Walgreens (www.walgreens.com) oder Rite Aid (www.riteaid.com). Die Websites haben eine Suchfunktion für Filialen *(store locator)*. Nicht verschreibungspflichtige Medikamente (und davon gibt es wesentlich mehr als in Europa) kann man selbst aus dem Regal nehmen, **Rezepte** *(prescriptions)* werden an einem Schalter meist im hinteren Bereich der Märkte eingelöst. Auch große Supermärkte (z. B. Kroger, Meijer, Walmart etc.) haben Drogerieabteilungen und Rezeptschalter. Diese zentral gelegenen Drogerie-Filialen sind gut erreichbar:

124 [F8] **CVS Pharmacy (1),** 1037 Woodward Ave., Downtown, direkt am Campus Martius 8, Mo.–Fr. 9–18, Sa. 10–14 Uhr

125 [G9] **CVS Pharmacy (2),** im RenCen 1, Downtown, Mo.–Fr. 9–18, Sa. 10–14 Uhr

126 [F3] **Rite Aid Pharmacy,** 4612 Woodward Ave., Midtown, Mo.–Fr. 8–20, Sa. 9–18, So. 10–18 Uhr

127 [F3] **Walgreens Pharmacy,** 4501 Woodward Ave., Midtown, Mo.–Fr. 8.30–17.30 Uhr

Mit Kindern unterwegs

Detroit mag kein Ziel sein, das bei Überlegungen zu einer Reise mit Kindern zuallererst in den Sinn kommt – zu Unrecht! Die Stadt und das Umland bieten eine enorme Vielfalt an lohnenswerten Zielen für Familien. Auch die **Versorgung** der ganz Kleinen ist kein Problem: Die unter „Medizinische Versorgung" genannten Drogeriemärkte (s. S. 120) führen ein großes Sortiment an Nahrung, Windeln etc. für Babys und Kleinkinder. Der **Whole Foods Market** (s. S. 92) in Midtown hat eine große Auswahl an Bio-Kindernahrung und Windeln ohne chemische Zusatzstoffe im Sortiment.

Für Familien bieten sich unter anderem folgende **Ausflugsziele** an:

› **Belle Isle Nature Center** (s. S. 59): Naturzentrum auf Belle Isle 38, das auf die Flora und Fauna Michigans und der Großen Seen spezialisiert ist

•**128** [H9] **Cullen Plaza,** 1340 Atwater St. Schöner Platz am Wasser, mitten in Downtown, mit Karussell, Wasserspielen und Spielplatz.

› **Detroit Institute of Arts** 23: Das DIA bietet u. a. Workshops und Malklassen für Kinder und Familien. Aktuelle Infos s. Website.

› **Detroit Zoo** 46: 2000 Tiere auf 50 ha, vom spektakulären arktischen Unterwassererlebnis über den afrikanischen Urwald bis zur nordamerikanischen Prärie

› **Henry Ford Museum of American Innovation** und **Greenfield Village** (beide s. S. 70) in Dearborn 47: Geschichte und Autos zum Anfassen im riesigen Ford-Museum und im Freilichtmuseum

› **Michigan Science Center** (s. S. 73): Museum für Naturwissenschaften und Technik mit Kinos, Planetarium, Live-Events und vielem mehr

076de-axs

•129 [dj] **Mt. Elliott Park,** 110 Mt. Elliott St., http://detroitriverfront.org. Kleiner, schöner Park am Ufer des Detroit River mit einem Wasserspielplatz für die Kleinen.

› **Outdoor Adventure Center** (s. S. 73): interaktives Museum im ehemaligen Fabrikgebäude mit Wasserfällen und vielen Outdoor-Abenteuern unter Dach

Notfälle

Notruf und Polizei

Die landesweite **Notrufnummer** ist die **911**. Bei Verlust von Dokumenten o.Ä. helfen Reisenden aus Deutschland, Österreich und der Schweiz die konsularischen Vertretungen (s. S. 112) weiter. Eine zentrale **Polizeidienststelle** findet sich hier:

130 [D8] **Detroit Police,** Detroit Public Safety Headquarters, 1301 Third St., www.detroitmi.gov/Police, Tel. 313 2674600

Fundsachen

› **Fundbüro des Flughafens:** www.metroairport.com/TravelerInfo/GeneralInfo/LostFound.aspx

Kartensperrung

Bei **Verlust der Debit-/Giro-, Kredit- oder SIM-Karte** gibt es für Kartensperrungen eine **deutsche Zentralnummer** (unbedingt vor der Reise klären, ob die eigene Bank bzw. der jeweilige Mobilfunkanbieter diesem Notrufsystem angeschlossen ist). **Aber Achtung:** Mit der telefonischen Sperrung sind die Bezahlkarten zwar für die Bezahlung/Geldabhebung mit der PIN gesperrt, nicht jedoch für das **Lastschriftverfahren mit Unterschrift.** Man sollte daher auf jeden Fall den

Fahrende Wurst: Ein Wienermobile (1952) im familienfreundlichen Henry Ford Museum (s. S. 70)

Verlust zusätzlich bei der Polizei zur Anzeige bringen, um gegebenenfalls auftretende Ansprüche zurückweisen zu können.

In **Österreich** und der **Schweiz** gibt es keine zentrale Sperrnummer, daher sollten sich Besitzer von in diesen Ländern ausgestellten Debit- oder Kreditkarten vor der Abreise bei ihrem Kreditinstitut über den zuständigen Sperrnotruf informieren.

Generell sollte man sich immer die **wichtigsten Daten** wie Kartennummer und Ausstellungsdatum **separat notieren**, da diese unter Umständen abgefragt werden.

- **Deutscher Sperrnotruf:** Tel. +49116116 oder Tel. +493040504050
- **Weitere Infos:** www.kartensicherheit.de, www.sperr-notruf.de

Öffnungszeiten

Zwar gibt es in den USA **keine landesweit verbindlichen Regelungen** in puncto Öffnungszeiten, letztendlich unterscheiden sie sich aber gar nicht so sehr von denen in Europa. Mehr zu den landesweiten Feiertagen auf S. 95. Ansonsten gilt:

- **Banken** haben in der Regel Samstagnachmittag und So. geschlossen.
- **Ämter** haben meist nur wochentags 9–17 Uhr geöffnet.
- Viele **Museen** sind tägl. geöffnet, falls nicht, ist Mo. bevorzugter Ruhetag.
- **Supermärkte,** v. a. die großen Ketten, haben meist tägl. 6–22 Uhr geöffnet.
- **Kleinere Läden** haben So. oft geschlossen, ansonsten sind sie 9–18 Uhr geöffnet.
- Die meisten **Postfilialen** sind Mo.–Fr. geöffnet, Sa. in der Regel nur vormittags.
- **Restaurants** schließen So. früher als unter der Woche, nicht selten ist So. sogar Ruhetag.

Post

Aktuell kosten die **Briefmarken** *(stamps)* für eine Standardpostkarte bzw. ein Standardbrief nach Europa $1,15. Wiegt der Brief über 1 oz (gut 28 g), werden 21 Cents mehr fällig; dasselbe gilt für jede weitere Ounce. Wie lange die Post unterwegs ist, hängt von vielen Faktoren ab: von wenigen Tagen bis mehrere Wochen ist erfahrungsgemäß alles möglich. Auf Wunsch und gegen Aufpreis gibt es natürlich Expressdienste, Sendungsverfolgung etc.

Postfilialen lassen sich über den Online-Filialfinder lokalisieren (www.usps.com, unter „Locations"), z. B.:

✉**131** [G9] **USPS-Postfiliale (1),** im RenCen ❶, Mo.–Fr. 10–16.30 Uhr

✉**132** [D9] **USPS-Postfiliale (2),** 1401 W Fort St., westlich von Downtown, tägl. 12–19 Uhr

Radfahren

Motown hat sich in den letzten Jahren mehr oder weniger zufällig zu einer **Fahrradmetropole** entwickelt. Mittlerweile hat das Stadtmarketing den anhaltenden Trend dankbar aufgegriffen: Detroit wird heute aktiv als Fahrradstadt mit hohem Entdeckerpotenzial beworben.

Für die Erkundung der Stadt bietet sich das Fahrrad als Verkehrsmittel geradezu an. Fahrradfahren ist in Detroit, auch in direktem Vergleich zu vielen europäischen Metropolen, relativ sicher und angenehm: Breite Fahrradstreifen auf den Straßen,

Motown als Fahrradstadt: Das Wegenetz wird rasant ausgebaut

077de-axs

Radwege, insbesondere auch die zunehmende Umwandlung alter Bahn- und Verkehrsstraßen in sogenannte **Rail Trails** – autofreie, begrünte Trassen für Fußgänger, Fahrradfahrer und Freizeitsportler – sowie flaches Gelände und eine geringe Verkehrsdichte machen Radeln in Detroit zu einem unvergesslichen Erlebnis.

Seit 2017 gibt es in der Stadt ein **Leihsystem für Räder** namens **MoGo Detroit** mit momentan gut 40 Verleihstationen. Der **Preis** liegt bei $8 pro Tag. Andere Fahrradverleihe sind erheblich teurer, bieten jedoch auch deutlich besseres Equipment und verschiedene Fahrradtypen, zudem sind Helme und Schlösser im Preis mit inbegriffen. Besonders empfehlenswert ist hier der Anbieter Wheelhouse Detroit.

Infos zu **geführten Radtouren** und **Bike Rides** stehen auf S. 124.

› **Infos zu Rail Trails:** https://en.wikipedia.org/wiki/Trails_in_Detroit
› **MoGo Detroit (Leihsystem),** Stationen und Infos auf der Website https://mogodetroit.org

•133 [H9] **Wheelhouse Detroit,** 1340 E Atwater Street, Tel. 313 6562453, www.wheelhousedetroit.com/rentals. Der Marktführer in Sachen Radtouren durch Detroit ist zugleich Fahrradladen und -verleih. Zentrumsnah gelegen.

Sicherheit

Detroit taucht in Sachen **Kriminalität** trotz messbarer Erfolge in den vergangenen Jahren in landesweiten Statistiken noch immer ganz oben auf. Zwei Dinge sind dabei jedoch für Reisende zu beachten: Erstens gibt es bestimmte Kriminalitätsschwerpunkte, die sich weitgehend abseits der hier beschriebenen Routen befinden. Downtown zum Beispiel gilt für eine Großstadt als außergewöhnlich sicher, ähnlich verhält es sich mittlerweile auch mit Midtown. Und zweitens fällt das Gros der Schwerverbrechen in den Bereich der Bandenkriminalität, mit der man als Besucher der Stadt schlicht nichts zu tun hat.

Die **Detroit Police** (s. S. 121) ist Besuchern und Fremden gegenüber sehr hilfsbereit und aufgeschlossen – natürlich nur dann, wenn man die Finger von Illegalem lässt. **Prostitution** etwa ist in Michigan verboten. Bei Verstößen werden beide Seiten (Anbietende und Kunden) zur Verantwortung gezogen, die Strafen sind empfindlich. Auch wenn in puncto **Drogen** zuletzt mit der Legalisierung von Marihuana als Genussmittel *(recreational drug)* im Staat Michigan eine Lockerung der Gesetze erfolgte, ist die Rechtslage weiterhin unklar – im Zweifel sollte man besser einen großen Bogen darum machen.

Ansonsten ist, wie in jeder anderen Großstadt, davon abzuraten, Handtaschen, Fotoausrüstung, dicke Brieftaschen (womöglich in der Gesäßtasche) und kostbaren Schmuck offen zur Schau zu stellen. Bargeld sollte man nur in kleineren Mengen mitführen.

Vorsicht ist bei Massenveranstaltungen und Menschenaufläufen geboten, z. B. bei Festivals: **Taschendiebstahl** ist eines der häufigsten Delikte. Auch beim Geldabheben am Bankautomaten sollte man besonders aufmerksam sein.

Sprache

Im Stadtgebiet ist überwiegend **Englisch**, nur im Südwesten Detroits (Mexicantown 42) auch Spanisch Alltagssprache. Weitere Sprachen werden nur in Ausnahmefällen gesprochen. Man kommt mit Englisch, auch wenn es gebrochen ist und mit schwerem Akzent daherkommt, in der Regel gut zurecht. Die kleine **Sprachhilfe** im Anhang (s. S. 134) hilft bei der Verständigung.

Stadttouren

Zu Fuß

- **Detroit Experience Factory,** Tel. 313 9624590, http://detroitexperience factory.org. Geführte Walking Tours zu diversen Themen (ca. 2 Std.). Der Ansatz ist hier, die Stadt den Besuchern durch kontextbezogenes Geschichtenerzählen näherzubringen. Und diese Geschichten sind wirklich hochinteressant und unterhaltsam! Manche der öffentlichen Touren sind kostenlos, wobei natürlich ein Trinkgeld erwartet wird. Im Angebot sind zudem private Touren und ein Concierge-Programm, das Teilnehmern Einheimische zur Seite stellt.
- **Detroit Historical Society,** Tel. 313 8330158, https://detroithistorical.org/things-do/behind-scenes-tours. Äußerst interessante Touren zu verschiedensten Orten abseits ausgetretener Pfade, geführt durch kundige Mitglieder des Historischen Vereins (ca. 2 Std., ab $ 30). Man sollte im Voraus buchen, da die Touren sehr beliebt sind, außerdem haben Mitglieder Vorrang.
- **Detroit Tours,** Tel. 313 7571283, https://citytourdetroit.com. Walking Tours zu diversen Schwerpunkten: Detroit kulinarisch, Underground Railroad, die Musikgeschichte Detroits etc. (ca. 2,5 Std., ab $ 20).
- **Feet On The Street,** Tel. 313 3932055, https://enjoythed.com. Großes Angebot an themenbezogenen Stadtrundgängen, vom Eastern Market 31 über das „schwarze Detroit" bis hin zur Musikstadt Detroit (ca. 2 Std., ab $ 15). Auch private Touren möglich.
- **Urban Adventures Detroit,** Tel. 313 7011900, www.detroiturbanadventures.com. Walking Tours zu verschiedenen Themen und Quartieren, z. B. Corktown 40 (ca. 2 Std., ab $ 27).

Mit dem Fahrrad

Es gibt etliche Angebote für **organisierte Fahrradtouren** mit einer breiten Vielfalt thematischer Schwerpunkte von Architektur über Musik und Street-Art bis hin zu Geistertouren. Daneben existiert eine ganze Reihe **ehrenamtlich organisierter Bike Rides.** Diese finden meist unter einem sozialen oder politischen Motto statt, sind aber in erster Linie ein großer Spaß für alle Beteiligten. Zu den im Folgenden empfohlenen Rides und Touren muss man selbst ein Fahrrad mitbringen, also vorher ausleihen (Infos: s. S. 122). Die einzige Ausnahme bildet Wheelhouse

Detroit, die als Fahrradverleih Räder im Paket mit der gebuchten Tour anbieten.

- **allgemeine Infos zu Bike Rides:** www.wheelhousedetroit.com/detroit-bike-rides
- Die **Critical-Mass-Bewegung** trifft sich ganzjährig jeden letzten Freitag des Monats zu einem gemeinsamen Bike Ride. Aktuelle Infos unter: https://twitter.com/detcriticalmass.
- **Motor City Brew Tours,** http://motorcitybrewtours.com/bike-tours.html. Die Bike & Brew Tours (Mai–Sept.) haben nichts mit dumpfen Bier-Bike-Ausflügen zu tun, sondern bezeichnen Radtouren zum Thema Brauereigeschichte oder Prohibition in Detroit, neben anderen, nicht bierbezogenen Themen. Lokale Bierspezialitäten und Snacks sind im Preis inbegriffen. Infos, Reservierungen und Buchung via Website.
- **Preservation Detroit,** Tel. 313 5773559, https://preservationdetroit.org/detroit-bikes-tours. Für historisch Interessierte ist eine organisierte Radtour dieses Anbieters attraktiv. Die Guides sind in besonderem Maße mit der Geschichte Detroits, dem Stadtraum und der Architektur vertraut. Kostenlos, Spendenbeitrag erwünscht.
- Zu einiger Prominenz, auch in europäischen Medien, hat es der montägliche, Mai–Okt. stattfindende **Slow Roll** (http://slowroll.bike) gebracht. Es gibt kaum eine bessere Möglichkeit als diesen Bike Ride, der Stadt und ihren Bewohnern in so kurzer Zeit so nah zu kommen.
- **Tour de Troit** (https://tour-de-troit.org) ist eine Non-Profit-Organisation, die sich für eine nichtmotorisierte Infrastruktur stark macht. Die ehrenamtlichen Guides sind mit viel Herzblut bei der Sache. Infos zu den sporadisch stattfindenden Touren und Treffpunkten finden sich auf der Website.
- **Wheelhouse Detroit** (s. S. 123) ist der größte kommerzielle Anbieter für Ausflüge per pedales. Die sachkundig geführten Touren kosten zwischen $ 25 und $ 45 pro Person, gegen $ 10 Aufpreis werden Fahrräder und Ausrüstung gleich mit vermietet. Infos zu den Touren gibt es auf der Website www.wheelhousedetroit.com/tours.

Mit Bus und Van

- **Motor City Photography Workshops,** Tel. 517 4441385, http://motorcityphotoworkshops.com. Bustouren für Fotografen und alle, die sich ungewöhnliche Orte in der Stadt ansehen wollen (meist Sa./So., ab 4 Std., $ 75). Abfahrtspunkte und alle Details s. Website.
- **Show Me Detroit Tours,** Tel. 313 4442120, www.showmedetroittours.com. Tägliche Touren per Van für maximal 6 Passagiere zu Sehenswürdigkeiten in und um Downtown (ca. 2 Std., ab $ 65, bis 17 Jahre $ 25).

Mit der Hochbahn

Der **People Mover** (s. S. 131) mag als öffentliches Verkehrsmittel eher ungeeignet sein, aber für ein erstes Kennenlernen der Stadt ist er durchaus eine Empfehlung.

Mit dem Schiff

- **Diamond Jack,** Tel. 313 8439376, https://diamondjack.com/sightseeing-tours. Eine zweistündige Rundfahrt auf dem Detroit River mit schönem Ausblick auf Detroit und das kanadische Windsor sowie kundigem Guide. Abfahrt (im Sommer Do.–So. zweimal tägl.) ist an der Riverfront 33, unmittelbar am William G. Milliken State Park and Harbor [I9] (Erw. $ 20, Kinder 5–12 Jahre $ 15).

Mit dem Paddel

Die folgenden Anbieter haben geführte Touren per **Kajak, Kanu** oder **SUP (Stand Up Paddling)** im Programm. Bei allen dreien sind außerdem private Touren buchbar:

S134 [fi] **Detroit Outpost,** 11000 Freud St., Tel. 313 4223618, www.detroitoutpost.com. Paddeln auf dem Detroit River: Sunset-, Sunrise- und Sunshine-Touren für $ 40.

S135 **Detroit River Sports,** 14601 Riverside Blvd., Tel. 313 9080484, www.detroitriversports.com/tours. Kajaktouren zu verschiedenen Tageszeiten durch die historischen Kanäle Detroits, rund um Belle Isle 38 oder auf dem Detroit River (ab $ 20), oft mit abschließendem Essen an der sehenswerten Marina im äußersten Osten Detroits.

S136 **Riverside Kayak Connection,** 4016 Biddle Ave., Wyandotte, Tel. 734 2852925, https://riversidekayak.com/tours. Zahlreiche Angebote geführter Touren durch die Gewässer Detroits (von ca. 2 Std. bis halbtags, ab $ 40).

078de-axs

Telefonieren

Ein dreistelliger **area code 313** für Detroit geht einer siebenstelligen Rufnummer voraus und muss auch bei Ortsgesprächen mitgewählt werden. Bei allen im Buch gelisteten Telefonnummern ist er stets mit angegeben. Innerhalb des Stadtgebiets von Festnetzanschlüssen entfällt dieser. Gebührenfrei sind Nummern, die mit 800, 833, 844, 855, 866, 877, 888 beginnen, teuer sind jene mit 900.

In **Hotels** wird Telefonieren in der Regel mit dem Zimmer abgerechnet.

Die Mobilfunknetze sind gut ausgebaut, Telefonieren mit dem **Handy** bereitet im Allgemeinen keine Probleme. Viele Reisende nutzen auch im Ausland eine **mobile Datenverbindung.** Dies ist jedoch häufig mit hohen Kosten verbunden. Man sollte daher vor der Reise bei seinem Netzbetreiber Informationen über evtl. günstigere **Auslandsdatenpakete** einholen oder zur Sicherheit die Mobile-Daten-Option deaktivieren und nur über kostenlose WLAN-Netze ins Internet gehen. Eine weitere Option ist es, sich eine **Prepaid-SIM-Karte** für das eigene Smartphone zu besorgen (schon vorab online zu kaufen).

Vorwahlen

- **Deutschland:** 01149
- **Österreich:** 01143
- **Schweiz:** 01141
- **USA:** 001
- **Detroit:** 313

Detroit River Sports ist in einer Marina des Stadtteils Jefferson Chalmers ansässig

Uhrzeit

Michigan und damit auch Detroit liegt in derselben Zeitzone wie die Ostküste der USA, d.h. UTC –5 (*Coordinated Universal Time*, koordinierte Weltzeit). Damit ist man Mitteleuropa (UTC +1) in der Regel **sechs Stunden hinterher.** Allerdings finden die Übergänge zwischen Winter- und **Sommerzeit** *(daylight saving time)* an verschiedenen Tagen im Jahr statt. Während die Uhren in Mitteleuropa am letzten Sonntag im März bzw. Oktober umgestellt werden, passiert dies in den USA am zweiten Sonntag im März bzw. am ersten Sonntag im November. So beträgt der Zeitunterschied für einige Wochen im Jahr nur fünf Stunden.

Die Schreibweise des **Datums** ist Monat–Tag–Jahr, also z.B. December 15, 2019 oder 12–15–2019. Die **Tageszeit** wird im 12-Stunden-Modus angegeben und mit **a.m.** für Vormittag bzw. **p.m.** für Nachmittag ergänzt. 6 Uhr morgens ist also 6a.m. oder 6am, 18 Uhr wiederum 6p.m. oder 6pm.

Unterkunft

In Detroit ist es in der Regel kein Problem, eine Unterkunft zu finden. Zu den **Kasinohotels** mit Hunderten von Betten und dem höchsten Hotelturm der Vereinigten Staaten im RenCen 1 sind in den letzten Jahren zahlreiche **Hotels** aller Preiskategorien hinzugekommen, viele davon in Downtown und in renovierten Art-déco-Schönheiten. **Bed-and-Breakfast-Unterkünfte** sind in Motown spärlich vertreten. Etwas außerhalb, vor allem in Dearborn 47 und in Richtung Flughafen (s.S.108), sind weitere günstige Hotels und **Motels** angesiedelt, viele davon sind Filialen landesweiter Ketten.

Preiskategorien

Die Preise gelten pro Zimmer und pro Nacht. Parken ist meistens, aber nicht immer inbegriffen, dasselbe gilt für das Frühstück.

$	unter $ 100
$$	$ 100–$ 200
$$$	über $ 200

Was die **Preise** angeht, so ist eine sehr einfache Unterkunft im Stadtgebiet Detroits ab etwa $ 70 pro Zimmer und Nacht zu bekommen. An Wochenenden und Feiertagen zahlt man mehr, das gilt auch für alle anderen Unterkunftskategorien.

Einzelzimmer gibt es in der Regel nicht, Zimmer können zum gleichen Preis von mehreren Personen belegt werden.

Hotels

137 [F7] **Aloft at the David Whitney** $$, 1 Park Ave., Tel. 313 2371700, www.aloftdetroit.com. **Im glanzvollen David Whitney Building 13 nächtigen:** Glasierte Kacheln und vergoldetes Schmiedewerk veredeln das Foyer, die 136 Zimmer sind komfortabel, modern und stilvoll gestaltet. Zentral am Grand Circus Park 12 gelegen, mit eigener People-Mover-Station und unmittelbar neben der QLine.

138 [dj] **Baymont by Wyndham Downtown** $, 3250 E Jefferson Ave., Tel. 313 5682000, www.wyndhamhotels.com. **Günstig in Zentrumsnähe:** Das Hotel der Wyndham-Kette steht nicht in Downtown, aber nur wenige Kilometer weiter östlich. In unmittelbarer Nähe befinden

EXTRAINFO

Buchungsportale

Neben Buchungsportalen für **Hotels** (z. B. www.booking.com, www.hrs.de oder www.trivago.de) bzw. für **Hostels** (z. B. www.hostelworld.de oder www.hostelbookers.de) gibt es auch Anbieter, bei denen man **Privatunterkünfte** buchen kann. Portale wie www.airbnb.de, www.wimdu.de oder www.9flats.com vermitteln Wohnungen, Zimmer oder auch nur einen Schlafplatz auf einer Couch. Diese oft recht günstigen Übernachtungsmöglichkeiten sind nicht unumstritten, weil manchmal normale Wohnungen gewerblich missbraucht werden. Einige Städte greifen deshalb regulierend ein.

sich die Riverfront 33 und der Elmwood Cemetery 34. Eine der schlichten, preiswerten und sauberen Unterkünfte im Stadtgebiet Detroits.

139 [J8] **Comfort Inn Downtown Detroit** $$, 1999 E Jefferson Ave., Tel. 313 5678888, www.choicehotels.com/michigan/detroit/comfort-inn-hotels. **Preiswert in der Nähe von Lafayette Park** 32: Das Comfort Inn befindet sich etwa 2 km östlich von Downtown, nahe von Riverfront und dem Dequindre Cut Greenway. Einfach und gut. Die Kette unterhält noch ein weiteres Haus in Detroit nahe der Ambassador Bridge.

140 [F9] **Crowne Plaza Detroit Downtown Riverfront** $$, 2 Washington Blvd., Tel. 313 9650200, www.ihg.com/crowneplaza/hotels/us/en/detroit/dttnd/hoteldetail. **Im Herzen der Stadt mit fairen Preisen:** Direkt am Hart Plaza 3 gelegen, bieten viele Zimmer einen Blick über den Detroit River bis nach Kanada. Gute, durchschnittliche Ausstattung der Zimmer, wie man sie auch in anderen mittelpreisklassigen Hotelketten findet.

141 [F9] **Detroit Foundation Hotel** $$$, 250 W Larned St, Tel. 313 9154422, www.detroitfoundationhotel.com. **Komfort made in Detroit:** Das Hotel wurde 2017 im aufwendig renovierten, ehemaligen Feuerwehrhauptgebäude von 1926 eröffnet. Man legt Wert auf Regionalität: Einrichtung, Ausstattung und sogar die Uniformen stammen aus Detroit. Das Hotel bietet individuell eingerichtete Zimmer, ein Restaurant und eine Bar sowie vor allem eine hervorragende Lage.

142 [F9] **Detroit Marriott at the Renaissance Center** $$$, 400 Renaissance Dr., Tel. 313 5688000, www.marriott.com/hotels/travel/dtwdt-detroit-marriott-at-the-renaissance-center. **Spektakuläre Aussicht aus dem höchsten Gebäude Michigans:** Der zugleich größte Hotelturm in den USA im RenCen 1 verfügt über 1200 gepflegte Zimmer, alle mit großen Fenstern. Je höher das Zimmer, desto besser der Blick, versteht sich.

143 [H8] **Greektown Casino-Hotel** $$, 1200 St. Antoine St., Tel. 313 2232999, www.greektowncasino.com/hotel. **Das Kasinohotel mittendrin:** Das 30-stöckige Hotel des gleichnamigen Kasinos bietet rund 400 moderne Zimmer, viele davon mit herrlichem Ausblick über die Stadt. Relativ preiswert angesichts des Komforts und der Lage in Downtown.

› **MGM Grand Detroit** $$$ (s. S. 88). **Prunkvoller Übernachtungstempel:** das größte und luxuriöseste Kasinohotel in Detroit mit geräumigen Zimmern und schönem Spa-Bereich mit Pool. Zeitgemäßes Ambiente und wunderbarer Ausblick in Richtung Südosten über die Skyline der Innenstadt. Wie die anderen beiden Kasinos beherbergt das Haus ebenfalls Bars und Restaurants, in diesem Fall auch der gehobenen Kategorie.

› **Motorcity Casino Hotel** $$ (s. S. 88). **Attraktive, moderne Zimmer mit Ausblick:** das dritte der drei Kasinohotels Detroits. Hier ist die Übernachtung vergleichsweise preiswert: Die Einnahmen des Hauses werden in erster Linie mit

Glücksspiel generiert. Die Zimmer sind relativ groß und modern ausgestattet.

144 [H9] **Rivertown Inn & Suites** $, 1316 E Jefferson Ave., Tel. 313 5683000, http://therivertowninn.com. **Günstig und in Zentrumsnähe:** zweckmäßige, aber gepflegte Zimmer. Nahe des Lafayette Park 32, aber auch nicht weit zum RenCen, angenehm erreichbar über den Riverwalk.

145 [F7] **Siren Hotel** $$, 1509 Broadway St., Tel. 313 2774736, https://thesirenhotel.com. **Brandneu, zentral und in historischer Umgebung:** Das 2018 eröffnete Hotel befindet sich im 1926 erbauten Wurlitzer Building des berühmten Instrumentenherstellers. Sehr zentral zwischen Merchant's Row 9, Oper 14, The Belt 10 und anderen Sehenswürdigkeiten gelegen. 106 ansprechende Zimmer, Lobby und Bar mit viel Retroschick.

146 [C8] **Trumbull and Porter Hotel** $, 1331 Trumbull St., Tel. 313 4961400, http://trumbullandporterhotel.com. **Geschmackvolles Designhotel in angesagtem Stadtteil:** zentrumsnahe und relativ preiswerte Unterkunft im hippen Corktown 40. Großer, grüner, nach einer Seite offener Innenhof mit Platz für Lagerfeuer. Hofseitige Zimmer im Erdgeschoss mit Terrasse.

147 [F8] **Westin Book Cadillac Detroit** $$$, 1114 Washington Blvd., Tel. 313 4421600; www.bookcadillacwestin.com. **Geräumige, luxuriöse Zimmer im Traditionshaus:** Zur Eröffnung 1924 das prunkvollste Haus der Stadt und in den 1980er-Jahren zur Ruine verkommen, erstrahlt das Hotel heute wieder in neuem Glanz. Rund 500 Zimmer der gehobenen Kategorie. Angeschlossen ist das Restaurant Roast (s. S. 79).

Der Glücksspielpalast MGM Grand, größtes Kasino der Stadt und luxuriöse Unterkunft

Bed & Breakfast

148 [F6] **The Inn at 97 Winder** $$$, 97 Winder St., Tel. 313 8324348, https://theinnat97winder.com. **Elegante Bleibe im alten Gemäuer:** In einer hübschen Villa im Viertel Brush Park 18 untergebracht, bietet das Inn einen guten Zugang zu Eastern Market 31, Midtown und die nördliche Downtown. Die zehn Zimmer sind opulent ausgestattet, das Haus ist mit Antiquitäten möbliert, teilweise hängt zeitgenössische Kunst an den Wänden.

149 [F1] **The Inn on Ferry Street** $$, 84 Ferry St., Tel. 313 8716000, http://innonferrystreet.com. **Schlafen in einer Villa in Midtown:** Das Inn on Ferry Street im nördlichen Midtown besteht aus sechs restaurierten viktorianischen Villen in unmittelbarer Nähe zu den Attraktionen Midtowns wie etwa dem Detroit Institute of Arts 23 oder dem Charles H. Wright Museum of African American History 22.

Hostel

150 [bi] **Hostel Detroit** $, 2700 Vermont St., Tel. 313 4510333, www.hosteldetroit.com. Brandneues Hostel im nördlichen Corktown mit dem üblichen Angebot an Stockbetten in unterschiedlichen Zimmergrößen (auch Einzel- und Doppelzimmer), Gemeinschaftsräume und -küche. Mit Garten.

Verhaltenstipps

Im alltäglichen Umgang gelten auch in Detroit die typisch amerikanischen Eigenschaften: Freundlichkeit, Hilfsbereitschaft, Diskretion und Disziplin. Andererseits sind die Manieren, z. B. im Autoverkehr oder im Bus, zum Teil etwas ruppiger als man es sonst in den USA gewohnt ist.

- **Alkohol** darf nicht an Personen unter 21 Jahren verkauft, ausgeschenkt und generell nicht in der Öffentlichkeit konsumiert werden.
- Bei der **Begrüßung** ist Händeschütteln eher unüblich, dafür werden altersunabhängig schnell die Vornamen benutzt.
- Bei Restaurantbesuchen (v. a. in Toplokalen) und in exklusiven Klubs gelten **Kleiderregeln.** Man sollte sich vorher erkundigen, sonst wird man nicht reingelassen.
- Man vermeidet in der Öffentlichkeit allzu große **physische Nähe** und hält immer mindestens eine Armlänge Abstand. Wenn man nahe an einer Person vorbeigehen muss, ist ein „*Excuse me*" üblich.
- Die amerikanischen **Tischsitten** sind etwas anders als in Europa: Amerikaner schneiden mit dem Messer vor und benutzen dann ausschließlich die Gabel. Pizza, Meeresfrüchte, einen Burger oder Burrito würde kein Amerikaner mit Messer und Gabel essen. Selbst in hochpreisigen Lokalen kann man sich Essensreste in ein *doggy bag* (meist eine Styropor-Box) einpacken lassen.
- **Toiletten** nennt man nie *toilet,* sondern stets *restroom* oder *bathroom.*
- **Trinkgeld** *(tip/gratuity)* ist in den USA nicht inklusive und wird erwartet, da die Löhne im Dienstleistungsgewerbe sehr gering sind. Im Restaurant sind ca. 20 % vom Rechnungsbetrag üblich; wer weniger gibt, zeigt sich unzufrieden. An der Bar sind es ca. $ 1–2 pro Getränk. Für den Transport von Gepäck im Hotel sind $ 2 pro Koffer angemessen, fürs Parken *(valet parking)* gibt man bei Bereitstellung des Wagens ebenfalls mind. $ 2. Der *room service* erhofft sich etwa $ 3 pro Tag und Taxifahrer wenigstens 15 % der Gesamtsumme.

Verkehrsmittel

Das Angebot an öffentlichen Verkehrsmitteln in Detroit ist übersichtlich. Neben Bussen gibt es seit 1987 den People Mover und seit 2017 wieder eine Straßenbahnlinie (QLine).

Bus

Die Masse des Nahverkehrs in Metro Detroit wird mit Bussen abgewickelt. Das städtische Busnetz von **DDOT** umfasst **35 Hauptlinien,** die mit ca. 300 Bussen bedient werden. Sie tragen die Nummern 1–99. Darüber hinaus bestehen Verbindungen in die Vororte (und zum Flughafen, s. S. 108) über das **SMART-System,** das aber auch innerhalb der Stadt nützlich sein kann. SMART-Busse haben dreistellige Nummern (125–861).

Die Busse sind nicht immer pünktlich, im Berufsverkehr kann es auch zu extremen Abweichungen kommen. Für Touristen können sie allerdings

080de-axs

praktisch sein, insbesondere für Ziele in der East Side (s. S. 48) oder der West Side (s. S. 60). Downtown, Midtown und New Center werden durch die QLine gut abgedeckt.

Zentrale Haltestelle in Downtown ist das 2009 eröffnete **Rosa Parks Transit Center**, an dem DDOT- und SMART-Busse halten.

Eine **Einzelfahrt** im DDOT-Bus kostet $ 1,50, mit **Umsteigen** (Transfer) in einen anderen DDOT Bus $ 1.75, der Umstieg vom DDOT- zum SMART-Bus kostet $ 2.25 (alle Tickets 4 Std. gültig). Ein 5-Tage-Ticket (nur DDOT) schlägt mit $ 14 zu Buche. Eine Einzelfahrt im SMART-Bus kostet $ 2 ($ 2.25 mit Transfer). Tagestickets gibt es momentan für keines der beiden Bussysteme. **Bezahlt wird im Bus,** indem man das Geld in einen beim Fahrer angebrachten **Automaten** steckt, der dann das Ticket ausgibt. Wer kein **passendes Kleingeld** hat, bekommt im SMART-System statt Wechselgeld eine mit dem entsprechenden Betrag geladene Karte, die später weitergenutzt werden kann. Im DDOT-Bus ist das nicht der Fall, hier muss man den exakten Betrag einzahlen.

Bus in Detroit: Das Gestell vorn dient der Mitnahme von Fahrrädern

Ein vollkommen neues und vereinfachtes Tarifsystem (auch mit Tageskarten) ist derzeit in Planung (Stand: Anfang 2019), bitte Infos auf den Websites beachten.

- •151 [E8] **Rosa Parks Transit Center (Busbahnhof)**, 1310 Cass Ave.
- › **DDOT**, www.detroitmi.gov/ddot (Fahrpläne unter „Bus Schedules")
- › **SMART**, www.smartbus.org

People Mover (Hochbahn)

Der People Mover ist ein **speziell für Touristen** interessantes Angebot. Gefährte dieser Art kennt man normalerweise von Flughäfen oder Messegeländen, in Detroit fährt der unbemannte Mover als Hochbahn auf Betonstelzen im Kreis durch Downtown. Da er lediglich im Uhrzeigersinn, also **nur in eine Richtung** verkehrt, ist das Ganze etwas unpraktisch – ausgenommen, das nächste Ziel liegt zufälligerweise in Fahrtrichtung. Sinnvoll ist es allerdings, gleich eine ganze Runde mit dem Mover zu drehen und sich so einen ersten Überblick über Downtown zu verschaffen. Das ist bei einem **Ticketpreis** von $ 0,75 recht erschwinglich. Die Hochbahn verkehrt alle 10 Min. von etwa 6 Uhr bis Mitternacht, Fr. und Sa. bis 2 Uhr.

- › **Infos:** www.thepeoplemover.com

QLine (Straßenbahn)

Die **Tram**, nach dem Hauptsponsor QLine genannt, ist für Bewohner Detroits aufgrund der Kürze der Gesamtstrecke (5,3 km) bislang wenig interessant, für Touristen aber eine gute Alternative, da sie **Downtown** mit **Midtown** und **New Center** verbindet – so lassen sich zentrale Sehenswürdigkeiten auf praktische Weise erreichen. Die **Einzelfahrt** kostet $ 1,50, der Tagespass $ 3. **Ticketautomaten** gibt es an jeder Station.

› **QLine Detroit,** https://qlinedetroit.com, Tel. 313 5283044

Taxi und Ridesharing

Das größte **Taxiunternehmen** in Metro Detroit heißt **Checker Detroit.** Die Grundgebühr beträgt $ 2,50, danach $ 2 pro Meile und $ 0,25 pro 45 Sekunden Stehzeit. Es gibt Festpreise für bestimmte Strecken. Infos unter:

› Tel. 313 9637000, www.checkerdetroit.com

Darüber hinaus gibt es auch in Detroit die einschlägigen **Ridesharing-Dienste** wie z. B. Uber und Lyft. Voraussetzung ist, dass man die **App** des Anbieters aufs Smartphone geladen und die Kreditkarte aktiviert hat. Infos zu Tarifen:

› https://uberestimator.com/cities/detroit

Wetter und Reisezeit

Detroit liegt in der **feuchtkontinentalen Klimazone,** stark beeinflusst von den Großen Seen. Grundsätzlich trifft man in Motown auf denselben Jahreszeitenzyklus wie in Mitteleuropa, allerdings mit **heißeren Sommern** und **kälteren Wintern.** Im Sommer sind längere Zeitspannen mit täglich über 30 °C keine Seltenheit, im Winter liegen die Temperaturen auch mal tagelang ununterbrochen im zweistelligen Minusbereich.

Die **Niederschlagsmenge** ist ganzjährig nahezu gleich, im Sommer nur geringfügig höher als in der kalten Jahreszeit.

Eine Reise nach Detroit im **Winter** ist lediglich Reisenden zu empfehlen, denen kalte Temperaturen wenig anhaben können. Zu Kälte und häufig üppigem Schnee kommt hinzu, dass die Fortbewegung aufgrund des spärlichen Nahverkehrs und des eingeschränkten Winterdienstes massiv erschwert wird – und an Radfahren ist ohnehin nicht zu denken.

Besonders geeignete Reisezeiten sind das **Frühjahr** (ab Mitte Mai bis in den Juni) und der **Herbst** (September bis Mitte Oktober) mit eher moderaten Temperaturen. Natürlich bietet sich auch die Hauptreisezeit im Hochsommer an, allerdings kommt man dann mitunter ordentlich ins Schwitzen.

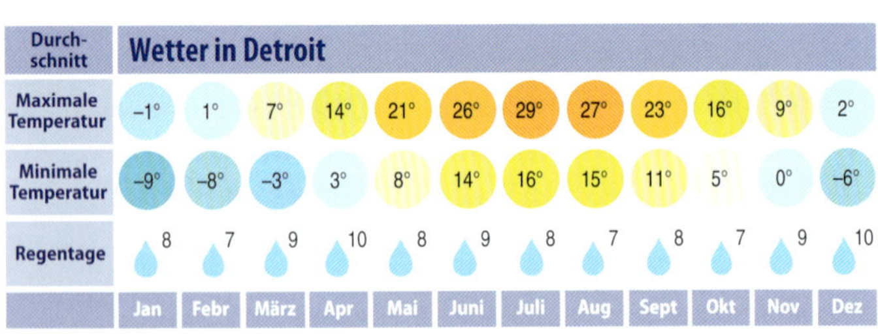

Durchschnitt	Wetter in Detroit											
Maximale Temperatur	–1°	1°	7°	14°	21°	26°	29°	27°	23°	16°	9°	2°
Minimale Temperatur	–9°	–8°	–3°	3°	8°	14°	16°	15°	11°	5°	0°	–6°
Regentage	8	7	9	10	8	9	8	7	8	7	9	10
	Jan	Febr	März	Apr	Mai	Juni	Juli	Aug	Sept	Okt	Nov	Dez

ANHANG

082de-axs

Kleine Sprachhilfe Amerikanisch

Für einen tieferen Einstieg in die Sprache seien an dieser Stelle die Reisesprachführer „Amerikanisch – Wort für Wort" (Kauderwelsch-Band 143), „American Slang" (Kauderwelsch-Band 29) und „More American Slang" (Kauderwelsch-Band 67) aus dem Reise Know-How Verlag empfohlen.

Begrüßung und Höflichkeit

Guten Morgen	*Good morning* (bis mittags)
Guten Tag	*Good afternoon* (ab mittags)
Guten Abend	*Good evening*
Gute Nacht	*Good night*
Auf Wiedersehen	*Goodbye/Bye-bye/ See you* (umgangssprachlich)
Willkommen!	*Welcome!*
Mein Name ist ...	*My name is ...*
Wie heißen Sie?/Wie heißt du?	*What's your name?*
Schön Sie/Dich kennenzulernen/zu sehen.	*Nice/Good to see you.*
Entschuldigen Sie, ...	*Excuse me, please, ...* (bei Fragen)
Verzeihung!	*Sorry/Pardon me!*
Bitte	*Please* (bei Fragen, Bitten)
Danke	*Thank you/Thanks*
Bitte, gern geschehen	*You are (very) welcome*
Könnten Sie mir bitte sagen ...	*Could you, please, tell me ...*

Allgemeine Fragen und Wendungen

Ich bin/Wir sind ...	*I am .../We are ...*
Das ist/sind ...	*This is/These are ....*
Wo ist/sind ...?	*Where is/are ...?*
Wo kann ich ... bekommen?	*Where can I get ...?*
Was ist das?	*What's that?*
Haben Sie ...?	*Have you got ...? I am looking for ...*
Wie viel kostet ...?	*How much is ...?*
Ich verstehe nicht.	*I don't understand.*
Sprechen Sie Deutsch?	*Do you speak German?*
Wie heißt das auf Englisch?	*What's that in English?*
vielleicht	*perhaps, maybe*
wahrscheinlich	*probably*
Ist es möglich ...?	*Is it/Would it be possible ...?*
Wer?	*Who?*
Was?	*What?*
Wie?	*How?*
Wie viel(e)?	*How much?* (Menge) *How many?* (Anzahl)

+++ Die wichtigsten Wörter mit dem Bonus-Audiotrack des Kauderwelsch-

Zeit

Wie spät ist es?	*What time is it?*
Es ist 10 Uhr	*It's 10 a.m. (ante meridiem)*
Es ist 22 Uhr	*It's 10 p.m. (post meridiem)*
Mittag/Mitternacht	*noon/midnight*
heute	*today*
morgen	*tomorrow*
gestern	*yesterday*
morgens	*in the morning*
nachmittags	*in the afternoon*
abends	*in the evening*
früh/früher	*early/earlier*
spät/später	*late/later*

Wochentage

Montag	*Monday*	Freitag	*Friday*
Dienstag	*Tuesday*	Samstag	*Saturday*
Mittwoch	*Wednesday*	Sonntag	*Sunday*
Donnerstag	*Thursday*	Feiertag	*holiday*

Geldangelegenheiten

Geld, Kleingeld, Bargeld	*money, change, cash*
1 Dollar ($)	*„buck" (100 cent)*
1/5/10/25 Cent (c.)	*penny/nickel/dime/quarter*
Tausender	*grand*
Geldautomat	*ATM (automated teller machine)*
Kreditkarte	*credit card*
Reisescheck	*travelers cheque/check*
Ausweis	*ID (identification papers/card), passport*
Steuer	*tax*
Gebühr	*fee*

Unterwegs

Wie weit ist es bis ...?	*How far is it to ...?*
Ist das der richtige Weg nach ...?	*Is this the right way to ...?*
Nord, Süd, Ost, West	*north, south, east, west*
links, rechts	*left, right*
geradeaus, zurück	*straight (ahead), back (to)*
Ampel, Kreuzung	*traffic light(s), junction*
Auto/Mietwagen	*car, vehicle/rental car*
Autovermietung	*car rental station*

Register

James Scott Memorial Fountain: der Marmorbrunnen auf Belle Isle 38 *im Abendlicht*

084de-axs

Der Autor

Alexander Simmeth verschlug es nach seiner Promotion in Geschichte an die Großen Seen. Obwohl seit mehreren Jahren in Michigan lebend, ist er noch immer verwundert, wenn er schwimmend vor weißen Dünen ins endlose Blau starrt, sich an einer Welle verschluckt und kein Salzwasser schmeckt. Er liebt die endlosen Wälder und Felder um die großen Gewässer im Wechsel der Jahreszeiten. Und er ist fasziniert von den großen Städten an ihren Ufern, von denen Detroit eine ganz besondere ist.

Schreiben Sie uns

Dieses Buch ist gespickt mit Adressen, Preisen, Tipps und Daten. Unsere Autoren recherchieren unentwegt und erstellen alle zwei Jahre eine komplette Aktualisierung, aber auf die Mithilfe von Reisenden können sie nicht verzichten. Darum: Teilen Sie uns bitte mit, was sich geändert hat oder was Sie neu entdeckt haben. Gut verwertbare Informationen belohnt der Verlag mit einem Sprachführer Ihrer Wahl aus der Reihe „Kauderwelsch".

Kommentare übermitteln Sie am einfachsten, indem Sie die Web-App zum Buch aufrufen (siehe Umschlag hinten) und die Kommentarfunktion bei den einzelnen auf der Karte angezeigten Örtlichkeiten oder den Link zu generellen Kommentaren nutzen. Wenn sich Ihre Informationen auf eine konkrete Stelle im Buch beziehen, würde die Seitenangabe uns die Arbeit sehr erleichtern. Unsere Kontaktdaten entnehmen Sie bitte dem Impressum.

Impressum

Alexander Simmeth

CityTrip Detroit

1. Auflage 2019

ISBN 978-3-8317-3228-9

Druck und Bindung:
Media-Print, Paderborn

Herausgeber: Klaus Werner
Layout: amundo media GmbH (Umschlag, Inhalt), Peter Rump (Umschlag)
Lektorat: amundo media GmbH
Karten: Ingenieurbüro B. Spachmüller, amundo media GmbH
Anzeigenvertrieb: KV Kommunalverlag GmbH & Co. KG, Alte Landstraße 23, 85521 Ottobrunn, Tel. 089 928096-0, info@kommunal-verlag.de
Kontakt: Osnabrücker Str. 79, 33649 Bielefeld, info@reise-know-how.de

Bildnachweis

Umschlagvorderseite: stock.adobe.com © helgidinson | Umschlagklappe rechts: Alexander Simmeth (Autor)
Soweit ihre Namen nicht vollständig am Bild vermerkt sind, stehen die Kürzel an den Abbildungen für die folgenden Fotografen, Firmen und Einrichtungen. Alexander Simmeth: axs

Liste der Karteneinträge

Hier nicht aufgeführte Nummern liegen außerhalb der abgebildeten Karten. Ihre Lage kann aber wie die von allen Ortsmarken im Buch mithilfe der Web-App angezeigt werden (s. S. 144).

Weitere Benutzungshinweise

Besonderheiten bei Adressangaben

Adressen beginnen in den USA mit der **Hausnummer**, dann folgt die Straßenbezeichnung (z. B. 2648 W Grand Blvd.). Die Häuser werden nicht „durchgezählt", stattdessen werden Nummern nach der Entfernung von bestimmten Orientierungspunkten vergeben, sodass die Hausnummern mitunter sehr hoch sind.

In Detroit ist die **Woodward Avenue** die zentrale Nord-Süd-Achse (tatsächlich verläuft sie leicht versetzt von Südost nach Nordwest). Sie teilt die Stadt in zwei Hälften und viele Straßen in einen **East-** und einen **West-Abschnitt,** abgekürzt mit **E** bzw. **W vor dem Straßennamen.**

Weitere Abkürzungen

Ave. – Avenue
Blvd. – Boulevard
Dr. – Drive
Hwy. – Highway
Rd. – Road
St. – Street
Sq. – Square

Detroit mit PC, Smartphone & Co.

QR-Code auf dem Umschlag scannen oder **www.reise-know-how.de/citytrip/detroit19** eingeben und die **kostenlose Web-App** aufrufen (Internetverbindung zur Nutzung nötig)!

★**Anzeige der Lage und Satellitenansicht aller** beschriebenen Sehenswürdigkeiten und weiteren Orte
★**Routenführung** vom aktuellen Standort zum gewünschten Ziel
★**Exakter Verlauf** des empfohlenen Stadtspaziergangs
★**Audiotrainer** der wichtigsten Wörter und Redewendungen
★**Updates** nach Redaktionsschluss

GPS-Daten zum Download

Die GPS-Daten aller Ortsmarken und des Spaziergangs können hier geladen werden: www.reise-know-how.de, dann das Buch aufrufen und zur Rubrik „Datenservice" scrollen.

Stadtplan für mobile Geräte

Um den Stadtplan auf Smartphones und Tablets nutzen zu können, empfehlen wir die App „Avenza Maps" der Firma Avenza™. Der Stadtplan wird aus dieser App heraus geladen und kann dann mit vielen Zusatzfunktionen genutzt werden.

Die Web-App und der Zugriff auf diese über QR-Codes sind eine freiwillige, kostenlose Zusatzleistung des Verlages. Der Verlag behält sich vor, die Bereitstellung des Angebotes und die Möglichkeit der Nutzung zeitlich und inhaltlich zu beschränken. Der Verlag übernimmt keine Garantie für das Funktionieren der Seiten und keine Haftung für Schäden, die aus dem Gebrauch der Seiten resultieren. Es besteht ferner kein Anspruch auf eine unbefristete Bereitstellung der Seiten.

Zeichenerklärung

- Sehenswürdigkeit
- Arzt, Apotheke, Krankenhaus
- Bar
- Bibliothek
- Café, Eisdiele
- Fischrestaurant
- Galerie
- Geschäft, Kaufhaus, Markt
- Hochbahn-Station (People Mover)
- Hotel, Unterkunft
- Imbiss
- Informationsstelle
- Jugendherberge, Hostel
- Kirche
- Kneipe, Pub, Gastro-Brauerei
- Museum
- Musikszene, Disco, Klub
- Pension, Bed & Breakfast
- Polizei
- Postfiliale
- Restaurant
- ★ Sehenswürdigkeit
- • Sonstiges
- Sport-/Spieleinrichtung
- Straßenbahn-Haltestelle (QLine)
- Theater, Oper
- Vegetarisches Restaurant

- Stadtspaziergang (s. S. 13)
- Shoppingareal
- Gastro- und Nightlife-Areal

Bewertung der Sehenswürdigkeiten

- ★★★ nicht verpassen
- ★★ besonders sehenswert
- ★ wichtig für speziell interessierte Besucher